ESPIRITUALIDAD SIN HIPOCRESÍA

T0382257

ESPIRITUALIDAD SIN HIPOCRESÍA

Michael Yaconelli

La misión de Editorial Vida es ser la compañía líder en satifacer las necesidades de las personas con recursos cuyo contenido glorifique al Señor Jesucristo y promueva principios bíblicos.

ESPIRITUALIDAD SIN HIPOCRESÍA
Edición en español publicada por
Editorial Vida – 2013
Miami, Florida

© 2013 por Michael Yaconelli

Este título también está disponible en formato electrónico.

Originally published in the USA under the title:
   Messy Spirituality
   Copyright © 2013 by Michael Yaconelli
Published by permission of Zondervan, Grand Rapids, Michigan 49530

Editora en Jefe: *Graciela Lelli*
Traducción: *Norma Deiros*
Edición: *Carolina Galán*
Adaptación del diseño interior al español: *Grupo del Sur*

ISBN: 978-0-8297-6330-0

CATEGORÍA: Vida cristiana/Crecimiento espiritual

13 14 15 16 17 RRD 6 5 4 3 2 1

PARA MI MAMÁ,
MARGUERITE YACONELLI,
QUIEN INFUNDIÓ EN MÍ UN AFECTO
POR LA GRACIA.

CONTENIDO

CONTENIDO

I

DESORDEN

El taller de la vida espiritual

Yo aseguro el futuro sobre la estaca de los pocos amantes humildes y sinceros que buscan a Dios apasionadamente, en el maravilloso y desordenado mundo de realidades redimidas y relacionadas que yacen frente a nuestras narices.

WILLIAM MCNAMARA

Querido Dios:
Estoy haciendo las cosas lo mejor que puedo.
Frank

CARTAS DE NIÑOS A DIOS

Voy a las iglesias y todos parecen sentirse bien con respecto a ellos mismos.
    Hoy día todo el mundo se autodenomina cristiano. ¿Cómo nos atrevemos a llamarnos cristianos? Solo Jesús puede decidir si somos cristianos o no. No creo que él haya tomado una decisión en mi caso, y me temo que cuando lo haga seré enviado directamente al infierno. Yo no creo que pueda autodenominarme cristiano. No puedo estar satisfecho conmigo mismo. Todos nosotros parecemos estar bastante contentos con nosotros mismos en la iglesia, y eso me enferma. Yo creo que todo este contentamiento pone nervioso a Jesús.

ROBERT COLES, *WITTENBURG DOOR*

Mi vida es un desorden.

Después de cuarenta y cinco años de tratar de seguir a Jesús, continúo perdiéndolo en medio de las múltiples ocupaciones de la vida. Yo sé que Jesús está allí, en alguna parte, pero es difícil divisarlo en la neblina del vivir cotidiano.

Hasta donde alcanzo a recordar, he querido ser una persona piadosa. Aun así, cuando considero los días pasados de mi vida, lo que mayormente veo es un sendero quebrado e irregular, sembrado de errores y fracaso. He tenido éxitos temporales y momentos aislados de cercanía a Dios, pero anhelo la presencia continua de Jesús. La mayor parte de los momentos de mi vida parecen estar desesperanzadamente enredados en una red de obligaciones y de distracciones.

Quiero ser una buena persona. No quiero fracasar. Quiero aprender de mis errores, liberarme de las distracciones y correr a los brazos de Jesús. No obstante, la mayor parte del tiempo siento que me estoy alejando de Jesús para correr a los brazos de mi propia batahola de cosas.

Quiero desesperadamente conocer mejor a Dios. Quiero ser coherente. Ahora mismo, la única coherencia en mi vida es mi incoherencia. Lo que quiero ser y lo que soy no están muy unidos. No me está yendo bien en esto de vivir una vida coherente.

No quiero ser San Juan de la Cruz o Billy Graham. Simplemente quiero ser recordado como una persona que amó a Dios, que sirvió a los demás más que a sí mismo, que ha tratado de crecer en madurez y en estabilidad. Quiero tener más victorias que derrotas y aun así aquí estoy, con casi sesenta años, y fracaso de manera regular.

Si me muriera hoy, estaría nervioso por lo que la gente diría en mi funeral. Estaría feliz si dijeran cosas como: «Fue un buen tipo» o «En ocasiones fue decente» o «Mike no fue tan malo como mucha gente». Desafortunadamente, las palabras de despedida son pronunciadas por personas que conocen al fallecido. Yo sé lo que el consenso diría. «Mike era un caos».

Cuando era más joven, yo creía que mi incoherencia se debía a mi juventud. Creía que la edad me enseñaría todo lo que necesitaba saber y que cuando fuera mayor habría aprendido las lecciones de la vida y habría descubierto los secretos de la verdadera espiritualidad.

Ya *soy* mayor, mucho mayor, y los secretos siguen siendo un secreto para mí.

Con frecuencia sueño que estoy persiguiendo a Jesús por detrás, anhelando que me elija como uno de sus discípulos. Sin aviso, él se da la vuelta, me mira directamente a los ojos y me dice: «¡Sígueme!». Mi corazón se acelera y yo comienzo a correr hacia Jesús, cuando él me interrumpe diciendo: «No, tú no; el tipo que está detrás de ti. Lo siento».

Llevo la mayor parte de mi vida tratando de seguir a Cristo, y lo mejor que sé hacer es seguirlo a tropezones, torpemente, de manera inepta. Me despierto, la mayor parte de los días, con la conciencia humillante de que no tengo ni una pista de dónde está Jesús. Aun así, soy un ministro, aun así pienso en Jesús todos los días. Mi forma de seguirlo es, digamos... tortuosa.

De modo que he decidido escribir un libro acerca de la vida espiritual.

Ya sé lo que estás pensando. Con base a lo que acabo de decir acerca de mi caminar con Dios, tenerme a mí escribiendo sobre espiritualidad es como tener a Bozo, el payaso, explicando el significado del universo, como tocar el *Mesías* de Handel con una chicharra. ¿Cómo puede alguien cuya vida es obviamente *no espiritual* pretender hablar acerca de la espiritualidad?

¿Cómo puede alguien impío pretender hablar acerca de la santidad? Esto no tiene sentido.

A menos que... ¡A *menos* que...! A menos que la espiritualidad, tal y como la entendemos la mayoría de nosotros, no sea espiritualidad para nada.

Tristemente, el término *espiritual* suele ser más usado por los cristianos para describir a personas que oran durante todo el día, que leen la Biblia constantemente, que nunca se enojan ni se sulfuran, que poseen poderes especiales y conocen el camino interior hacia Dios. Para la mayoría, *espiritualidad* suena como algo de *otro* mundo, que hace recordar a «santos» excéntricos que han abandonado el mundo, han hecho votos de pobreza y se han aislado a sí mismos en claustros.

No hay nada malo con la espiritualidad de los monjes. Ciertamente los monjes experimentan una *clase* de espiritualidad, una manera de buscar y de conocer a Dios, *pero*

¿qué pasa con el resto de nosotros? ¿Qué ocurre con aquellos de nosotros que vivimos en la ciudad, que tenemos una esposa o un esposo, tres hijos, dos gatos y una lavadora que se ha descompuesto?

¿Qué de aquellos de nosotros que somos solteros, trabajamos entre sesenta y setenta horas por semana, tenemos padres que se preguntan por qué no estamos casados y tenemos amigos que ganan mucho más dinero que nosotros? ¿Qué pasa con aquellos de nosotros que estamos divorciados y todavía estamos tratando de sanar las heridas del rechazo, tratando de enfrentar la paternidad unipersonal de nuestros hijos, que no entienden por qué les ha ocurrido esto a ellos?

¿Hay una espiritualidad para el resto de nosotros, que no estamos encerrados en un monasterio, que no tenemos todo bajo control y probablemente nunca lo tengamos?

Espiritualidad para el resto de nosotros

La respuesta es ¡sí!

Lo que hizo que Jesús terminara en la cruz fue la idea disparatada de que la gente común, corriente, quebrada, arruinada *¡podía ser piadosa!* Lo que enloqueció a los enemigos de Jesús fueron las críticas que él hizo de la gente religiosa «perfecta» y su aceptación de la gente no religiosa e imperfecta. La implicación chocante del ministerio de Jesús es que *cualquiera* puede ser espiritual.

¿Escandaloso? Tal vez.

Tal vez la verdad es escandalosa. Tal vez el escándalo sea

que todos nosotros estamos en alguna condición de falta de unidad, incluso aquellos de nosotros que estamos tratando de ser piadosos. Tal vez todos somos desordenados, no solo pecaminosamente desordenados sino incoherentemente desordenados, desordenados con altibajos, desordenados que están adentro y afuera, desordenados que creen en un momento y en otro no, desordenados que captan ahora y luego no, desordenados que entienden y, ¡uy!, ahora no.

Admito que la espiritualidad desordenada suena... bueno... no muy espiritual.

Nos parece que seguramente hay directrices que seguir, principios conforme a los cuales vivir, mapas que nos muestran a dónde ir, y secretos que podemos descubrir para encontrar una espiritualidad que sea limpia y ordenada.

Pero, me temo que no.

La espiritualidad no es una fórmula; no es una prueba. Es una relación. La espiritualidad no tiene que ver con la competencia; tiene que ver con la intimidad. La espiritualidad no tiene que ver con la perfección; tiene que ver con la conexión. El camino de la vida espiritual comienza donde estamos *ahora*, en el desorden de nuestras vidas. Aceptar la realidad de nuestras vidas quebradas y defectuosas es el comienzo de la espiritualidad. Esto no es porque la vida espiritual vaya a eliminar nuestros defectos, sino porque *dejamos de* buscar la perfección y, en cambio, buscamos a Dios, el que está presente en el enredo de nuestras vidas. La espiritualidad no tiene que ver con estar bien parado; tiene que ver con que Dios está presente en el desorden de nuestra falta de estabilidad.

Miren la Biblia. Sus páginas están llenas de gente desordenada. Los autores bíblicos no editaron los defectos de sus héroes. Como Noé, por ejemplo. Todos pensaban que estaba loco. Es cierto que *era* algo extraño, pero Noé también fue valiente, un hombre de gran fe y fuerza de voluntad. Contra el telón de fondo de hacer el ridículo de manera inexorable, Noé construyó un arca enorme en el medio del desierto, porque Dios le dijo que iba a llover. Nadie le creyó, pero las lluvias sí vinieron y se produjo la inundación, y después que el agua retrocedió, Noé dejó el barco triunfantemente, *se emborrachó y se desnudó.*[1]

¿Qué? *¿Se emborrachó y se desnudó?* No recuerdo que ninguno de mis maestros de la Biblia o de mis pastores hayan hablado acerca de... digamos... la indiscreción... o tal vez... de la debilidad... bueno... del fracaso de Noé. El Noé del que siempre oí era ferozmente fiel, irreprensiblemente independiente, e inexorablemente decidido. Noé fue el modelo de una gran fe. Muy pocos hablan de que Noé perdió la batalla contra el vino.

Tal vez ser fuerte y fiel tiene su pendiente hacia abajo. Quizás, para los supervivientes de un diluvio la vida es más complicada de lo que nos gustaría pensar, y es posible que incluso Noé pudiera tener ataques de depresión y de soledad.

¿Por qué tendría que sorprenderme? En definitiva, *todos* los personajes bíblicos fueron una mezcla compleja de fortalezas y debilidades. David, Abraham, Lot, Saúl, Salomón, Rahab y Sara fueron mujeres y hombres santos que amaban a Dios. Fueron personas valientes, brillantes, intrépidas, leales, apasionadas, comprometidas. Pero a su vez fueron asesinos, adúlteros y maníaco depresivos. Fueron hombres y mujeres que podían ser amables, santos, defensores de la fe en un momento, a la vez que tiranos inseguros, mentalmente inestables, descreídos, maliciosos, rencorosos al momento siguiente.

Los personajes del Nuevo Testamento no fueron mucho mejores. Miren con quiénes andaba Jesús: prostitutas, recaudadores de impuestos, adúlteros, personas con problemas mentales, gentuza pobre y perdedores de todas clases. Sus discípulos apenas podían llamarse modelos de santidad. Estaban comprometidos con Jesús y estaban dispuestos a seguirlo a cualquier parte (con una excepción notable). Pero también tenían problemas de luchas internas, siempre estaban haciendo trampa en busca de una posición, sospechaban unos de otros, eran acusadores, impulsivos, egoístas, haraganes y desleales. Durante la mayor parte del tiempo no entendieron de qué estaba hablando Jesús, y cuando murió, no tenían ni idea de qué hacer a continuación.

Un ejemplo muy claro del desorden de los discípulos tuvo lugar en una pequeña villa samaritana. De camino a Jerusalén, Jesús y los discípulos se detuvieron en esta población para pasar la noche. No obstante, los samaritanos no estaban de humor para cooperar. La mayoría de los judíos no le daban ni la hora a los samaritanos, de modo que los samaritanos decidieron devolver el favor dejando bien claro que Jesús y sus discípulos no eran bienvenidos en su ciudad. Santiago y Juan (este sería Juan, el discípulo *amado*) estaban furiosos y se acercaron a Jesús como una tromba con una pregunta muy poco apropiada para un discípulo: «Señor, ¿quieres que hagamos caer fuego del cielo para que los destruya?».[2] Éste no es exactamente un ejemplo de un discipulado maduro y ordenado.

Se podría decir que el cristianismo tiene una tradición de espiritualidad desordenada: profetas desordenados, reyes desordenados, discípulos desordenados, apóstoles desordenados. Desde los líos en los que se metía el pueblo de Dios, uno detrás de otro, en el Antiguo Testamento, hasta el hecho de que la mayor parte del Nuevo Testamento fue escrito para solucionar problemas en las iglesias, la Biblia presenta una historia gloriosa de una fe muy desordenada.

Parece que tú y yo estamos en buena compañía.

Espiritualidad sin hipocresía le quita el velo al mito de la falta de defectos y llama a los cristianos de todas partes a salir del escondite y dejar de fingir.

Espiritualidad sin hipocresía tiene la audacia de sugerir que el desorden es el taller de la espiritualidad auténtica, el vivero de la fe, el lugar donde el Jesús verdadero se encuentra con nuestro verdadero yo.

Pecadores notorios

Hace unos pocos años fui presentado a un grupo de cristianos extraños que se llamaban a sí mismos los «Pecadores Notorios». Se trata de hombres de todos los extractos de la vida, que se reúnen una vez al año para compartir de manera abierta unos con otros su espiritualidad desordenada. El título de *Pecadores Notorios* se refiere a la escandalosa categoría de los pecadores perdonados, cuyas reputaciones y defectos permanentes no parecieron alejar a Jesús.

En realidad, Jesús tenía el hábito de coleccionar personas sin reputación; las llamaba discípulos. Todavía lo hace. A mí me gusta la gente que abiertamente admite su notoriedad, la gente que con descaro confiesa que es desesperanzadamente defectuosa y que está desesperanzadamente perdonada. Graciosamente, estos hombres me invitaron a formar parte de su grupo.

Los *Pecadores Notorios* se reúnen una vez al año en centros de retiros espirituales. Siempre, desde el momento en que llegamos, nos encontramos en problemas con el liderazgo de los centros. No actuamos como la mayoría de los contemplativos que llegan a los centros de retiros espirituales (reservados, callados, buscando en silencio la voz de Dios). Somos una clase diferente de contemplativos (terrenales, alborotados, ruidosos y camorreros), exhibiendo nuestras almas con son de trompeta, en busca de Dios, andando con un Jesús revoltoso, que quiere que lo pasemos bien en nuestros corazones. Varios de nosotros fumamos cigarros, alrededor de la mitad somos alcohólicos en recuperación y un par de hombres podrían avergonzar a un marinero con su lenguaje. Dos de los *Pecadores Notorios* aparecen en sus Harleys, con sus pantalones y sus chaquetas de cuero.

Reconozco que ando con un grupo turbulento, con cristianos cuyo discipulado es evidentemente real y descuidadamente apasionado, caracterizado por una piedad desvergonzada. Sin temor a admitir sus defectos, no intimidados por cristianos que niegan su propio desorden, estos tipos algunas veces parecen paganos y otras veces se asemejan a Jesús. Realmente, son alborotadores espirituales, por lo cual se parecen a Jesús (que siempre estaba causando problemas). Están llenos de travesuras, de risa y de comportamientos ruidosos, lo cual hace que parezcan paganos. Son discípulos verdaderamente desordenados. Los *Pecadores Notorios* son definitivamente una mezcla bizarra de lo bueno, de lo malo y de lo feo. Viven una espiritualidad que desafía las definiciones simples. Ah, y son algunos de los hombres más espirituales que conozco.

Espiritualidad sin hipocresía es una descripción del cristianismo que vivimos la mayoría de nosotros y que pocos reconocemos. Es un intento de abrirnos paso a través de la pared religiosa del secreto y de legitimar una fe sin acabado, incompleta y sin experiencia. *Espiritualidad sin hipocresía* es una celebración de un discipulado en construcción.

Espiritualidad sin hipocresía es la afirmación escandalosa de que seguir a Cristo es cualquier cosa menos algo metódico, pulcro, balanceado y ordenado. Está muy lejos de eso. La espiritualidad es compleja, complicada y causa perplejidad. Es el aspecto desordenado, desaliñado y caótico de la fe auténtica en el mundo real.

La espiritualidad es todo menos una línea recta; es una piedad mezclada, patas arriba, atropellada, que torna nuestras vidas en un tobogán volteado, lleno de giros inesperados, de protuberancias sorpresivas y de choques que rompen los huesos. En otras palabras, la espiritualidad desordenada es la consecuencia delirante de una vida arruinada por un Jesús que nos amará hasta tenernos en sus brazos.

El escándalo de la espiritualidad

Jesús no siente rechazo por nosotros, no importa cuán grande sea nuestro desorden, e independientemente de lo incompletos que seamos. Cuando reconocemos que Jesús no se desanima por nuestra humanidad, no se desalienta debido a nuestro desorden y simplemente nos persigue con obstinación frente a todo esto, ¿qué podemos hacer más que someternos a su amor excesivo e indiscriminado?

Anne Lamott, una cristiana desordenada y compañera mía, describe perfectamente lo que ocurre cuando Jesús anda detrás de nosotros. En su libro *Traveling Mercies*, Anne relata su conversión a Jesús. Las cosas no andaban bien en su vida: era adicta a la cocaína y al alcohol, estaba envuelta en una relación que dio como resultado un hijo al que abortó, y contempló con impotencia cómo su mejor amiga se moría de cáncer. Durante este tiempo, Anne visitaba periódicamente una iglesia pequeña. Se sentaba al fondo para escuchar las canciones y luego se iba antes del sermón. Durante la semana de su aborto, cayó en espiral hacia abajo. Estaba disgustada consigo misma y ahogaba sus penas en alcohol y drogas. Llevaba sangrando muchas horas debido al aborto, y acabó por meterse en la cama, temblorosa y triste, se fumó un cigarrillo y apagó la luz.

Después de un rato, mientras yacía allí, tomé conciencia de que había alguien junto a mí, acurrucado en un rincón y simplemente asumí que era mi padre, cuya presencia yo había sentido a lo largo de los años, cuando estaba asustada y sola. El sentimiento era tan fuerte que llegué a encender la luz un momento para asegurarme de que no hubiera nadie allí. Por supuesto, no había nadie. Pero después de un momento, otra vez en la oscuridad, supe sin lugar a dudas que era Jesús. Lo sentí con tanta seguridad, como siento a mi perro echado cerca de mí mientras escribo esto.

Y me sentí consternada... Me imaginaba qué pensaría de mí todo el mundo si me hacía cristiana, y me parecía que era una cosa completamente imposible. Simplemente, no se podía permitir que ocurriera eso. Me di la vuelta hacia la pared y dije en voz alta: «Prefiero morirme».

Sentí que Jesús estaba allí en cuclillas, en el rincón de mi buhardilla donde yo dormía, observándome con paciencia y amor. Desvié la vista y cerré los ojos, pero eso no sirvió de nada, porque no lo estaba viendo con los ojos físicos.

Finalmente me quedé dormida, y a la mañana se había ido.

Esta experiencia me dio escalofríos, pero pensé que era solamente una aparición nacida del temor y del odio hacia mi persona y de la borrachera y de la pérdida de sangre. Pero luego, en cualquier lugar a donde iba, tenía la sensación de que me estaba persiguiendo un gatito, quería que me agachara y lo levantara, quería que le abriera la puerta y lo dejara entrar. Pero yo sabía lo que ocurriría: Uno deja entrar al gato una vez, le da un poco de leche y luego se queda para siempre...

Y una semana más tarde, cuando volví a la iglesia, tenía tal malestar como consecuencia del alcohol, que no pude ponerme de pie durante las canciones. Esta vez me quedé para el sermón, que me pareció tan ridículo como si alguien tratara de convencerme de la existencia de extraterrestres. Pero la última canción fue tan profunda, cruda y pura, que no pude escaparme. Era como si la gente estuviera cantando entre las notas, llorando y gozosa al mismo tiempo. Y yo sentí como si ese canto, o *algo*, me estuviera meciendo junto a su pecho, sosteniéndome como a un niño asustado. Me abrí a ese sentimiento, y entonces este se derramó sobre mí.

Comencé a llorar y me fui antes de la bendición. Corrí hacia mi casa, sintiendo al gatito corriendo conmigo detrás de mis talones. Caminé por el muelle y pasé por delante de docenas de flores en macetas, bajo un cielo tan azul como uno de los sueños de Dios. Abrí la puerta de mi casa flotante y estuve allí un minuto, y luego dejé caer la cabeza y dije: «Me rindo». Respiré profundamente y dije en voz alta: «Muy bien. Puedes entrar».

De modo que éste fue el hermoso momento de mi conversión.[3]

Anne Lamott es la candidata más improbable que yo me imaginaría para la espiritualidad, hasta que considero mi propia candidatura. Anne Lamott parece estar desesperanzadamente enredada, hasta que recuerdo el lío de mi propia vida. Reconozco «al gatito corriendo conmigo» pisándome los talones. Es el mismo «gato» que ha estado acosando a este desordenado seguidor de Cristo durante toda su vida. No importa cuán intensamente he tratado de sacudírmelo, nunca he podido hacerlo. Tú tampoco podrás sacudírtelo. De modo que es mejor que nos demos por vencidos, tal como Anne lo hizo, y dejemos que entre «el gato». Luego veremos qué hacemos con el no tan pequeño Jesús, que corriendo con desenfreno en nuestros corazones, va a causar estragos en nuestras almas, transformando nuestra humanidad desordenada en una espiritualidad desordenada.

2

ESPIRITUALIDAD DESORDENADA

El lugar donde nuestro desorden se encuentra con Jesús

Cuando pecamos y arruinamos nuestras vidas, descubrimos que Dios no se va y nos deja, sino que entra en nuestro problema y nos salva.

EUGENE PETERSON, *A LONG OBEDIENCE IN THE SAME DIRECTION*

Me acerqué a Ragmam (Harapiento). Le dije mi nombre con vergüenza, porque yo mismo daba lástima a su lado. Luego me quité toda mi ropa en aquel lugar y le dije con un profundo anhelo en mi voz: «Vísteme».

Él, mi Señor, me vistió, me puso harapos nuevos y, al lado de él, soy una maravilla.

WALTER WANGERIN, *RAGMAN AND OTHER CRIES OF FAITH*

Nuestras iglesias están llenas de personas que externamente parecen contentas y en paz, pero interiormente están pidiendo a gritos que alguien las ame... así como son, confusas, frustradas, atemorizadas con frecuencia, culpables y asidua-mente incapaces de comunicarse, incluso dentro de sus propias familias. Pero las otras personas de la iglesia parecen tan felices y contentas que rara vez uno se anima a reconocer sus propias profundas necesidades delante de un grupo tan autosuficiente, como parece ser el de una reunión de iglesia promedio.

KEITH MILLER

El que piensa que está acabado, está acabado. Qué cierto es esto. Los que piensan que han llegado, han equivocado su ruta. Los que piensan que han alcanzado su meta, la han perdido. Los que piensan que son santos, son demonios.

HENRI NOUWEN, *THE GENESEE DIARY*

Una de las tiras cómicas de los *Peanuts* que más me gustan comienza con Lucy en su consultorio psicológico de cinco centavos, donde Charlie Brown se ha detenido a pedir un consejo referente a la vida.

«La vida es como una silla de cubierta», dice ella.

«En el crucero de la vida, algunas personas ubican su silla de cubierta en la parte de atrás del barco para ver dónde han estado. Otros ubican su silla de cubierta en la parte de adelante del barco para ver a dónde están yendo».

La buena «doctora» mira a su perplejo cliente y pregunta: «¿Hacia qué lado mira tu silla de cubierta?».

Sin dudar, Charlie Brown responde tristemente: «Ni siquiera puedo desplegar mi silla».

Charlie Brown y yo somos almas gemelas.

Mire donde mire en el crucero del cristianismo, veo tripulaciones de instructores, maestros, expertos y gurús que anhelan explicar el plan de Dios para ubicar mi silla de cubierta, pero yo todavía ni siquiera puedo desplegarla. No es de extrañar que cuando examino los títulos de los libros en una librería cristiana, me sienta como un torpe en el reino de Dios, un tonto espiritual perdido en un barco lleno de pensadores bíblicos brillantes, un enano impío en un mundo de gigantes espirituales. Cuando comparo mi vida con la de los expertos, me siento desaliñado, desgreñado y desordenado, en medio de santos inmaculadamente vestidos... *y yo soy un ministro*. Tal vez esa es la razón por la que Dios me ha permitido ser pastor de una iglesia en la que «a la gente no le gusta ir a la iglesia». Cuando el «pastor» ha sido expulsado de dos institutos bíblicos, tal vez a la gente le resulte más fácil no verse intimidada por algún ideal de espiritualidad.

Muchos de los que asisten a nuestra iglesia siempre han querido ir a la iglesia, han querido conocer mejor a Dios, han deseado una relación mejor con Jesús. Pero en la mayoría de las ocasiones, terminaron en una iglesia donde les hicieron sentir como si el «desorden» de sus vidas los descalificara para tener acceso a la posibilidad de una vida espiritual auténtica. Permítanme describirles las vidas «desordenadas» de quienes pueden estar sentados en nuestra iglesia cualquier domingo.

René: después de treinta años de matrimonio, su esposo la dejó por una mujer más joven, justo después que a Rene le diagnosticaran un cáncer de pulmón. Devastada y sola, está lentamente tratando de seguir a Jesús en el desastre de su situación. En su iglesia anterior la hicieron sentir culpable por la ruptura de su matrimonio. Su fe no curó su cáncer, sus hijos no andan en buenos lugares y tiene ataques de depresión (cosa que los cristianos «espirituales» no deberían tener, según sus amigos «espirituales»). Se pregunta qué es lo que le ha ocurrido a la buena vida que Dios supuestamente le proveería.

Darrell: en lucha con una larga historia de abuso y de drogas, generalmente va a la iglesia después de haber bebido toda la noche. Darrell se sienta en la última fila, en un asiento cercano a la puerta, porque no quiere que la gente le vea la cara hinchada, los ojos rojos, la barba sin afeitar. Se siente avergonzado porque no puede domar su problema con el alcohol. Le han dicho en otras iglesias que si se comprometiera totalmente a vivir una vida espiritual, la bebida no sería un problema. Sus amigos de la iglesia le han dicho: «Intentarlo no cuenta».

Carol: está divorciada y sola. El año pasado, pasó por un infierno cuidando a su padre moribundo, quien requería una parte demasiado grande de su tiempo, debido a que otros miembros de la familia se negaban a hacer su parte. Ahora, después de la tormenta, se ha quedado con culpa y enojo y con la lucha de entender cómo es la espiritualidad en medio de su vida gastada y fatigada de todos los días. Muchos de sus amigos en su iglesia anterior le dijeron que la gente espiritual no se divorcia, no se enoja, no se siente culpable, ni se resiente con su familia.

Gary y Linda, Carl y Doreen: son dos de las muchas parejas que están sufriendo crisis propias de la mediana edad y síndromes del nido vacío. La pregunta que los asecha es: «¿Esto es todo lo que hay?». Estas parejas están llenas de dudas acerca del cristianismo. En las experiencias de iglesia que tuvieron anteriormente se les recordó de manera repetida que la gente espiritual no tiene crisis de la mediana edad, ni tampoco está perseguida por dudas y temores, porque Jesús es la respuesta a todas sus preguntas e inseguridades.

Lillian, Regina, Don y Bárbara: son miembros mayores de nuestra iglesia cuyos esposos o esposas han fallecido. Han decidido que son demasiado mayores como para iniciar una nueva relación, sienten que los cuidan pero que no tienen amigos, y se preguntan si van a vivir sus últimos años en soledad.

La lista podría continuar indefinidamente. Desparramadas por toda nuestra congregación hay personas buenas que están paralizadas por sentimientos de falta de adecuación y de indignidad, por inseguridad y desconfianza de sí mismas, por insignificancia y duda. Estas son las cosas que nos debilitan a la mayoría de los que estamos tratando de seguir a Cristo.

Cómo es la espiritualidad desordenada?

Esto puede resultarles chocante a algunos, pero la espiritualidad es un hogar para los que no tienen una vida trazada, que no conocen la Biblia tan bien como podrían y que no tienen armada su vida espiritual. Es decir, es un hogar para *el resto de nosotros* que pensaba que no había un «resto de nosotros», para cristianos que estamos *tratando de seguir a Jesús lo mejor que podemos*.

Hace un par de años, mi esposa y yo nos sentamos a la mesa con una mujer que respetamos en gran manera, una dama profundamente espiritual que había causado un impacto profundo en nuestras vidas. Esta mujer pasó la mayor parte de su vida resistiéndose al ruido y a la actividad del mundo, para buscar a Dios en silencio y en soledad. Había pasado cientos de semanas en un retiro silencioso. Era una mujer tan saturada de su fe, que uno casi podía oler a Dios cuando ella entraba en la habitación.

Estábamos hablando acerca de la oración. «Me da vergüenza estar sentado con usted», dije abruptamente. «Usted ha pasado días, semanas, incluso meses en oración. Yo me siento afortunado si es que paso diez minutos. Comparado con usted, me temo que no soy muy espiritual».

Sus ojos, encendidos de enojo, se encontraron con los míos y me replicó: «Oh, Mike, no sigas. En primer lugar, tú no pasas todo el día conmigo. No me conoces para nada. Estás comparando lo que tú sabes acerca de ti mismo con lo que no sabes acerca de mí. En segundo lugar, yo lucho diariamente con la depresión y me ha ganado durante varios períodos de mi vida. Nunca te lo he dicho. No tengo una familia; me gusta estar sola y en silencio. Créeme, soy tan "no espiritual" como tú».

Luego dijo suavemente: «Tú piensas en Dios todo el tiempo, ¿no es cierto?».

«Bueno, algo así», le dije.

«Pensar en Dios es estar con Dios. Estar con Dios es espiritualidad. Pensar en Dios es orar. Así que cállate y termina con esto de la culpa. ¡Has estado orando la mayor parte de tu vida! ¡Eres una persona espiritual!».

¿Qué? ¿He estado orando la mayor parte de mi vida? ¿De qué estaba hablando esta persona? Nunca se me había ocurrido que el «oren sin cesar» de Pablo podía ser realmente posible. Nunca se me había ocurrido que orar podía incluir pensar, que podía orar con los ojos abiertos, que podía orar de pie, sentado, conduciendo, bailando, esquiando, acostado, corriendo, trabajando. ¿Cómo podría alguien *acusarme* de orar todo el tiempo, cuando no oro todo el tiempo... a menos que mi amiga tuviera razón, a menos que yo estuviera orando sin cesar?

¿Cómo podría alguien acusarme de ser espiritual, a menos que la espiritualidad venga en muchas formas y tamaños? ¿Cómo podría yo ser espiritual, a menos que la espiritualidad se parezca a cualquiera de nosotros cuando estamos pensando en Jesús, cuando estamos tratando de encontrar a Jesús, cuando estamos tratando de imaginarnos cómo es el cristianismo real en el mundo real?

La espiritualidad se parece a cualquiera de nosotros cuando estamos pensando en Jesús, cuando estamos tratando de imaginarnos cómo es el cristianismo real en el mundo real.

Sin fingimiento

No hay lugar para fingir en la vida espiritual. Desafortunadamente, en muchos círculos religiosos, existe una regla no escrita: fingir. Actúa como si Dios tuviera el control de todo, cuando tú no creas que así sea. Transmite la impresión de que todo está bien en tu vida, cuando no lo esté. Finge que crees, cuando en realidad dudes. Esconde tus imperfecciones. Mantén la imagen de un matrimonio perfecto con hijos saludables y bien adaptados, aunque tu familia sea como cualquier otra familia normal, con disfunciones. Y, no importa lo que hagas, no reconozcas que pecas.

En la práctica, fingir es eficiente, no muy complicado y rápido. Responder: «Bien» a la pregunta: «¿Cómo estás?» es mucho más fácil y rápido que decir: «No muy bien, gracias; me está molestando la espalda, mis hijos adolescentes me están desilusionando, mi esposo/a nunca me habla, no me gusta mi cuerpo, y me pregunto si el cristianismo es cierto». La honestidad requiere una inversión enorme de tiempo y de energía por parte de la persona que formula la pregunta (que luego desearía no haberla formulado nunca).

El fingimiento es la grasa que cubre la falta de relaciones modernas. Fingir perpetúa la ilusión de las relaciones, al conectarnos sobre la base de lo que no somos. La gente que finge tiene relaciones fingidas. Pero ser real es sinónimo de espiritualidad desordenada, porque cuando somos reales, nuestro desorden está allí a la vista de todos.

Algunas personas consideran el uso de expresiones como *espiritualidad desordenada* algo tosco y audaz. «¿Cómo te animas a sugerir que la gente es desordenada? ¿Qué estás proponiendo? ¿Estás sugiriendo que está bien pecar, que debiéramos condonar un esfuerzo menor al cien por ciento para servir a Dios? Eres demasiado negativo. Enfatizar nuestros defectos no sirve de ayuda».

Pero la verdad es que *somos* un desorden. Ninguno de nosotros es lo que aparenta ser. Todos tenemos secretos. Todos tenemos problemas. Todos luchamos de vez en cuando. Nadie es perfecto. Ni siquiera uno. (Acabo de parafrasear Romanos 3.10). La esencia de la espiritualidad desordenada es negarse a fingir, a mentir o a permitir que los demás crean que somos algo que no somos. Desafortunadamente, la gente maneja con mayor facilidad los asuntos más difíciles que la falta de fingimiento.

Cuando tú y yo dejamos de fingir ponemos de manifiesto el fingimiento de todos los demás. La burbuja de la vida cristiana perfecta explota y todos debemos enfrentar la realidad de nuestra ruina.

Cuando a mi hija de dieciocho años le diagnosticaron un cáncer, yo no estaba preparado para el fingimiento de mis amigos cristianos. A las pocas horas, la noticia había corrido y me inundaron con declaraciones como ésta: «Estoy seguro de que Dios está haciendo esto por alguna razón. Dios puede sanar a tu hija si tienes fe. Incluso si se muere, va a estar mucho mejor». Recuerdo haberles respondido a estas personas: «Espero que Dios *no* esté haciendo esto. No creo en la promesa de Dios de curar a mi hija. Ciertamente, morir nunca es mejor que vivir. Si lo fuera, todos deberíamos suicidarnos». Te puedes imaginar las reacciones de todos los que me rodeaban. Le atribuyeron mis palabras al impacto, a la amargura, al cinismo y a la falta de fe. Pero yo *no estaba* amargado; *no era* cínico. Estaba *diciendo la verdad*. No podía, *no iba* a seguir fingiendo más.

¿Estaba confundido con respecto a dónde estaba Dios exactamente? Por supuesto. ¿Tenía serias preguntas con respecto a mi fe? Sí. ¿Estaba desesperado, deprimido, enojado, resentido? Sí, me sentía de todas esas maneras. Lo único que habría deseado era que los demás hubieran podido darme espacio para ser sincero y que ellos hubieran sido sinceros también. Ahora miro hacia atrás, veintinueve años más tarde, y me doy cuenta de que esas personas mismas estaban confundidas y asustadas. Si podían lograr que yo estuviera de acuerdo con ellas, entonces ya no tendrían más temor. Pero yo no podía hacer eso. Se vieron forzadas a enfrentar la realidad de una chiquilla de dieciocho años que podría haber muerto de una enfermedad terrible. (De paso te digo que está bien viva.) Incluso hoy, si tú me preguntaras por qué mi hija sobrevivió, yo tendría una sola respuesta: «No lo sé». Yo vi morir a muchos chicos de la edad de Lisa durante el mismo período en que ella estuvo enferma, y te aseguro por mi vida que no sé dónde estaba Dios. No puedo fingir el misterio de que Dios no esté presente.

Los sermones no siempre son obras maestras de verdad, de ingenio y de percepción. Algunas veces, el sermón simplemente no funciona, no llega. Solo está tirado en un montículo, mientras el ministro trata desesperadamente de resucitarlo. Yo me encontraba en uno de esos domingos. Mi sermón no estaba llegando, la gente estaba aburrida, miraban el reloj, y en cierto momento, casi al unísono, una mayoría de los presentes en la congregación miró el reloj de pared que estaba en la parte de atrás. No tuve más opción que reconocer la verdad.

«Bueno, me doy cuenta de que me he extendido mucho hoy. Lo siento, pero ¡tengo un solo punto más que me gustaría tratar!».

Sadie, la amorosa y honesta Sadie, se cubrió la cara con las manos y gritó: «¡Ooooh nooo!», haciendo que el resto de la congregación se riera... y luego aplaudiera. La mayor parte de la gente estaba tratando de sofocar lo que realmente estaba sintiendo, pero no Sadie. Afortunadamente, su condición de tener síndrome de Down no le permite entender lo que significa fingir. De modo que dijo no solo lo que estaba pensando ella, sino también todos los demás.

El sermón había terminado. Gracias a Dios... y gracias a Sadie.

La gente espiritual dice la verdad.

Falta de acabado

La gente espiritual también reconoce su falta de acabado. Falta de acabado significa incompleto, imperfecto, en proceso, en progreso, en construcción. La palabra espiritual describe a alguien que está incompleto, que vive su vida para Dios de manera imperfecta. El lugar de construcción de nuestras almas pone en evidencia nuestros defectos, la fe toscamente labrada y sin terminar que se ve claramente en nuestros corazones. Cuando buscamos a Dios, Jesús comienza a tomar forma en nuestras vidas. Él *comienza* una buena obra en nosotros, él empieza a cambiarnos, pero el proceso de acabado es un proceso que dura toda la vida. La obra de Dios en nuestras vidas *nunca va a estar terminada* hasta que nos encontremos con Jesús cara a cara. El autor de Hebreos escribió: «Fijemos la mirada en Jesús, el iniciador y perfeccionador [o el que le da el acabado] de nuestra fe».[1] La espiritualidad no tiene que ver con la terminación o con la perfección, sino con la confianza en Dios en medio de nuestra falta de acabado.

Nunca voy a olvidar el día que Eric, un alcohólico en recuperación, se puso de pie en nuestra iglesia durante los anuncios. La batalla que Eric había librado con el alcohol durante toda su vida había sido mayormente un fracaso.

Había entrado y salido de la cárcel varias veces y la bebida estaba cobrándose las cuentas en su matrimonio.

«Necesito oración», dijo. «Mi esposa me ha puesto un ultimátum: la bebida o ella. Me ha pedido que decida hoy, y quería decirle a usted y a todos que he decidido...».

Una larga y torpe pausa se apoderó del ambiente, y toda persona que se hallaba en la iglesia estaba en el borde de su asiento con el rostro vuelto hacia él, alentándolo, rogando junto con él para que tomara la decisión correcta. Se podría haber oído el ruido de la caída de un alfiler.

Finalmente, siguió hablando a tropezones, con lágrimas en los ojos. «¡He decidido elegir a mi esposa!».

La congregación rompió en aplausos y en expresiones de aliento. Nadie lo dijo, pero de todos modos se oía: «¡Buena respuesta! ¡Buena respuesta!». Eric no tuvo temor de decir la verdad; no tuvo temor de revelarnos a todos nosotros lo difícil que era renunciar al alcohol, incluso por su esposa. Eric es un hombre espiritual. ¿Con problemas? Sí. ¿Débil? Sí. ¿Con falta de acabado? ¡Absolutamente! Pero Eric dijo la verdad y reconoció que su deseo de beber estaba en conflicto con su deseo de permanecer casado. Eric se negó a fingir que la vida es limpia y ordenada, y supo que tenía que decirnos cómo eran las cosas y no cómo deseábamos que fueran.

Jesús entendió muy bien la falta de acabado. Ésta es la razón por la cual se sintió cómodo dejando a once discípulos a medio terminar. Cuando murió, los discípulos estaban confundidos, deprimidos, temerosos y con dudas.

Enfrentaron toda una vida de acabado, al igual que tú y yo. La espiritualidad desordenada no solo nos recuerda que siempre vamos a ser una obra en progreso; también nos recuerda que la vida sin terminar es mucho más espiritual de lo que nos imaginábamos.

Incompetencia

La espiritualidad desordenada describe nuestra incompetencia piadosa. Nadie sabe mucho de la vida santa. La espiritualidad es el reconocimiento humillante de no saber cómo orar bien. Yo no entiendo la palabra de Dios, ni entiendo cómo navegar por ella de modo apropiado, y no sé cómo vivir mi compromiso con Cristo de manera competente. La espiritualidad desordenada afirma nuestra torpeza espiritual.

Yo crecí en una iglesia donde todos fruncían el ceño frente al baile. Como resultado, cuatro décadas más tarde, todavía no sé bailar. Incluso la danza de adoración acelera los latidos de mi corazón porque estoy desesperantemente asustado de que alguien vea mis rígidos y torpes intentos de hacer mover mi cuerpo. Dado que soy un pésimo bailarín, evito toda experiencia en la que el baile sea una posibilidad.

Cuando se trata de la vida espiritual, me sorprendo de cuántos de nosotros no sabemos bailar. Estamos de pie delante de Dios, la música comienza a sonar y sentimos vergüenza de nuestra propia incompetencia. La iglesia nos ha transmitido la idea de que la competencia es uno de los frutos del Espíritu, y que, por lo tanto, se supone que la gente espiritual debe vivir la fe de manera competente. Demasiadas personas tienen temor de abrazar la vida espiritual debido a la posibilidad de decir o hacer alguna cosa incompetente.

Un domingo por la mañana, Gary, un cristiano nuevo en nuestra iglesia, se ofreció para leer el texto bíblico para ese día, que era el capítulo 2 de Hechos. Durante la alabanza, lo vi en la primera fila, Biblia en mano, mirando el boletín para asegurarse de no perderse su momento. Cuando llegó la hora, Gary se puso de pie frente a la congregación y abrió su Biblia buscando el libro de Hechos... y buscando... y buscando. Finalmente, después de dos embarazosos minutos, se dio la vuelta y dijo tímidamente: «He encontrado el primer libro de Hechos, pero ¿dónde está el segundo libro de Hechos?». Todos se rieron, y alguien amablemente lo llevó al segundo *capítulo* del único libro de Hechos en la Biblia. Afortunadamente, nuestra iglesia es una iglesia que espera incompetencias.

Jesús responde a los deseos. Ésta es la razón por la que le respondió a la gente que lo interrumpía, que le gritaba, que lo tocaba, que le vociferaba obscenidades, que entraba sin tocar a la puerta, que rompía techos para llegar hasta él. *Jesús se preocupa más por el deseo que por la competencia.*

Mi corazonada es que la mayoría de ustedes, los que están leyendo este libro, se sienten incompetentes y no pueden soltarse de Jesús. Jesús mira justo a través de la incompetencia, dentro de un corazón que lo anhela.

Era el momento de la lectura de las Escrituras y una chica pasó al frente del templo arrastrando los pies. ¡Qué momento para Connie! Finalmente había reunido la suficiente valentía como para preguntarle al pastor si podía leer las Escrituras. Sin dudar, él le dijo que sí. Durante años,

Connie había ahogado su deseo de servir en la iglesia debido a sus «incompetencias». Leer era extremadamente difícil para ella, y además le costaba terriblemente pronunciar con claridad. Pero llevaba en esta iglesia muchos años y estaba comenzando a entender la gracia de Dios. Jesús no murió solamente por nuestros pecados; murió para que la gente que no podía leer o hablar leyera y hablara. Ahora ella podía servir al Jesús a quien amaba tanto. Ahora podía expresar su deseo por Dios de manera tangible.

A Connie le costó caminar para llegar hasta el frente. Una de sus piernas era más corta que la otra, haciendo que su cuerpo se bamboleara de un lado al otro. Finalmente, se paró en el frente, mirando a la congregación con orgullo y gozo.

La congregación estaba en silencio. Demasiado silencio. El alarido del silencio cubría la incomodidad de la congregación. Estaba claro que la mayoría de ellos estaba tratando de entender lo que Connie estaba haciendo y procuraba ignorar sus muchas incompetencias. Los ojos de ella estaban demasiado juntos y su cabeza se movía hacia atrás y hacia delante de manera irregular, mientras su rostro se contorsionaba de una mueca a otra.

Connie comenzó a leer, y balbuceando y tartamudeando leyó con orgullo el pasaje a tropezones, en una larga secuencia de sonidos indescifrables, de oraciones confusas, de pausas largas y tortuosas y de frases enredadas. Finalmente, la lectura terminó y la congregación estaba exhausta.

Connie no percibió el agotamiento. Ella estaba extática. Su rostro ya no parecía distorsionado, sino lleno de gozo. Sus mejillas estaban sonrojadas de orgullo; sus ojos brillaban con el gozo de su logro; su corazón sentía la calidez de saber que había *servido* en la congregación, que había participado de su fe. Sí, ella recordaría este día durante largo tiempo. ¡Qué hermoso había sido, pensó ella, no ser más una *espectadora* en la iglesia! ¡Ella *fue* la iglesia esa mañana!

Gracias a Dios, sus capacidades mentales eran limitadas. Gracias a Dios no pudo discernir las caras de la congregación, porque si no se habría desplomado de desesperación. Gracias a Dios no pudo percibir lo que en realidad pasaba por la mente de las personas.

Casi todos los miembros de la congregación estaban pensando: *¡esto es disparatado!* Yo *sé* que esto es lo que pasaba por sus mentes, porque al pastor principal, mi padre, lo citaron para asistir a una reunión urgente de la junta de la iglesia, después del culto.

«¿Cómo es que ocurrió esto?», querían saber. «¿En qué estaba pensando usted?».

«Connie quería leer las Escrituras», respondió suavemente. «Bueno, permítale que se pare a la puerta y que reparta boletines, o que ayude con el correo, pero ¡no la haga leer! La chica no puede ni leer ni hablar. ¡Su lectura llevó diez minutos!». Luego dijeron: «La iglesia no es lugar para la incompetencia».

Mi padre cree, al igual que yo, que la iglesia *es* el lugar donde los incompetentes, los faltos de acabado e incluso los que carecen de salud son bienvenidos. Yo creo que Jesús está de acuerdo con esto.

Desesperación

El cristianismo no es para las personas que piensan que la religión es una distracción placentera, una alternativa agradable o una influencia positiva. La expresión «espiritualidad desordenada» es buena para referirse al lugar donde la desesperación se encuentra con Jesús. La mayoría de las veces, en la época de Jesús, la gente desesperada que trataba de llegar hasta él, se hallaba rodeada de gente religiosa que o ignoraba o rechazaba a los que estaban en un proceso de búsqueda para satisfacer su hambre de Dios. Tristemente, esto no ha cambiado mucho con el correr de los años.

Las personas desesperadas no la pasan bien en las iglesias. No encajan y no cooperan para salir de su inanición. La «gente de la iglesia» con frecuencia etiqueta a las «personas desesperadas» como extrañas y desequilibradas. Pero cuando la gente desesperada le toma el gusto a Dios, no pueden separarse de Él, no importa lo que piensen todos a su alrededor.

La palabra «desesperada» es muy fuerte. Por eso me gusta. Las personas desesperadas son groseras, frenéticas e imprudentes. La gente que está desesperada es explosiva y está concentrada de manera inexorable en su deseo de conseguir lo que quiere. Alguien que está desesperado se va a llevar por delante el velo de la amabilidad. El Nuevo Testamento está lleno de gente desesperada, gente que irrumpió sin llamar en cenas privadas, que le gritó a Jesús hasta obtener su atención o que destruyó el techo de la casa de alguien para llegar hasta él. La gente que está desesperada por la espiritualidad, rara vez se preocupa por el desorden que provoca mientras va de camino para acercarse a Jesús.

Bárbara Brown Taylor pastoreó muchos años una iglesia en el centro de una ciudad. El santuario estaba abierto durante el día, pero desafortunadamente, debido a la clase de mundo en el que vivimos, tuvieron que instalar una cámara de circuito cerrado para monitorear lo que ocurría adentro. La recepcionista de la iglesia controlaba el monitor durante todo el día.

Un día, durante una reunión del personal de la iglesia, la recepcionista interrumpió para informar lo siguiente: «Hay un hombre tirado de cara al piso sobre los escalones del altar. Yo no los habría molestado, pero es que lleva horas allí. Cada tanto se pone de pie, levanta los brazos hacia el altar y vuelve a tirarse». Uno de los miembros del equipo fue para hablar con el hombre, para saber si estaba bien e informó: «Dice que está orando». Decidieron dejarlo tranquilo. Pero el hombre regresó todos los días para tirarse sobre los escalones del altar. Sus ropas estaban gastadas y sucias; sus cabellos estaban llenos de nudos. El equipo pastoral instruyó al sacristán y a los encargados del altar para que no lo molestaran e hicieran su trabajo alrededor de él.

Finalmente llegó el domingo. Cuando Bárbara entró en el santuario para el primer culto de la mañana, vio al hombre bloqueando su camino hacia el altar. Tuvo temor. ¿Qué pasaría si estaba loco? Se acercó a él con cautela, notando lo sucio que estaba, lo demacrado que estaba por falta de comida. Le explicó que el culto estaba por comenzar en unos pocos minutos y que iba a tener que irse. Él levantó su frente del piso y hablando con un fuerte acento haitiano dijo: «Está bien».

Bárbara describe lo que ocurrió después que él se fue:

El culto de las ocho comenzó a tiempo. Los fieles se ubicaron en sus lugares y yo en el mío. Leímos bien nuestras partes. Hablamos cuando debíamos y nos quedamos en silencio cuando debíamos quedarnos en silencio. Ofrendamos nuestros dones simbólicos, cumplimos con nuestro deber y con nuestro culto obligado, y no hubo nada de malo en lo que hicimos, absolutamente nada. Éramos buenos siervos, pecadores cuidadosos y contritos, que habíamos venido para nuestra limpieza ritual, pero faltaba uno de nosotros. Se había levantado y se había ido por su camino. El lugar donde había estado acostado sobre el rostro durante horas, ofreciendo un espectáculo, de repente pareció estar tan lleno de calor y de luz, que yo tuve que dar un rodeo para salir. Me sentí desafiada, aunque solo fuera en ese momento, por el llamado a un amor tan excesivo, tan perturbador, tan más allá del llamado a la obediencia, que me hizo querer dejar atrás todas mis buenas obras.[2]

Me habría gustado que el hombre hubiera sido invitado al culto de adoración. Tal vez Bárbara lo invitó y él no aceptó. Sea como sea, yo creo que Jesús lo habría invitado a quedarse. De cualquier manera, un hombre desesperado, cubierto de suciedad y con el cabello pegoteado debido a días de abuso, llenó el santuario con el espectáculo de la presencia de Dios.

Cuando los no cualificados resultan cualificados

Al pasar caminando frente a una tienda de animales, yendo rumbo a la escuela, un niño se detuvo a mirar el escaparate. Dentro había cuatro cachorros de perros negros que estaban jugando juntos. Después de la escuela el niño corrió a su casa y le rogó a su mamá que le permitiera comprar uno de esos perritos. «Lo voy a cuidar, mamá. De verdad. Si me das un adelanto de mi mensualidad, voy a tener suficiente dinero para comprar uno por mis propios medios. Por favor, mamá, por favor».

La mamá, a pesar de conocer muy bien las complicaciones que un perrito pequeño traería a un hogar con muchas ocupaciones, no pudo resistirse a su hijo.

«Muy bien, puedes comprarte el cachorro, pero espero que lo cuides tú».

«Sí, mamá, lo voy a hacer». Lleno de entusiasmo, el niñito corrió a la tienda de animales a comprar su nuevo cachorrito.

Después de verificar que el niño tenía dinero suficiente, el dueño de la tienda lo llevó al escaparate para que eligiera su perrito. Al cabo de unos minutos, el niñito dijo: «Mmm... me llevo el pequeñito que está en el rincón».

«Oh, no», dijo el dueño de la tienda, «ese no; está inválido. Mira cómo se queda sentado allí, sin moverse. Tiene un problema en una de sus patas, de modo que no puede correr y jugar como el resto de los cachorros. Elige otro».

Sin decir una palabra, el niño se arremangó el pantalón para mostrarle al dueño del negocio un aparato ortopédico de cromo que él llevaba.

«No», dijo el niño con firmeza, «me voy a llevar el perrito que está en el rincón».[3]

Resultó que lo que descalificaba al cachorro para ser elegido por otros es lo que más lo calificó para ser elegido por el niñito.

Es sorprendente cuán pocos de nosotros creemos en la gracia no calificada de Dios. Pensamos que Dios nos ama en tanto y en cuanto estemos limpios y completos y compuestos. Pero resulta que eso que nos descalifica a ti y a mí para ser «espirituales», es decir, el desorden de nuestras vidas y nuestra invalidez, es lo que más nos califica para ser elegidos por Jesús.

El mito de componernos a nosotros mismos

Durante cierto tiempo tuvimos la suerte suficiente de contar con una persona que nos ayudaba con la limpieza. Venía una vez por semana para sacar el polvo, pasar la aspiradora y limpiar cada rinconcito oculto de la casa. Yo temía el día en que venía, porque mi esposa y yo nos pasábamos la mañana *¡limpiando la casa para la empleada!* No queríamos que la casa estuviera sucia, porque si no ¡¿qué iba a pensar la empleada?!

Con Dios actuamos de la misma manera. Nos apartamos de la vida espiritual al negarnos a acudir a Dios tal como somos. En cambio, decidimos esperar hasta estar listos para acudir a Dios tal como no somos. Decidimos que la manera en que vivimos ayer, la semana pasada o el último año nos hace «mercaderías dañadas», y que hasta que no comencemos a vivir «correctamente», no somos «material para Dios». Algunos de nosotros realmente creemos que hasta que no elijamos la correcta manera de vivir, no podemos ser elegidos; que hasta que no ordenemos el desorden, Jesús no va a tener nada que ver con nosotros. Pero lo opuesto es lo cierto. *Hasta que no reconozcamos que somos un desorden,* Jesús no va a tener nada que ver con nosotros. Una vez reconozcamos lo poco dignos de ser amados que somos, lo poco atractivos que somos y lo perdidos que estamos, Jesús aparece inesperadamente. De acuerdo al Nuevo Testamento, Jesús se siente atraído hacia lo no atractivo. Prefiere a los perdidos antes que a los encontrados, a los perdedores antes que a los ganadores, a los quebrados en lugar de los enteros, a los desordenados en lugar de los ordenados, y a los discapacitados en lugar de los que son capaces.

Bailar lo que no se puede bailar

Me encontraba perdido en mis pensamientos, sentado en el salón de baile de un hotel con mil quinientos estudiantes universitarios que estaban participando de una conferencia de fe durante un fin de semana. Era el último día de la conferencia, y como las clases comenzaban al lunes siguiente, los estudiantes dejaron en claro que querían prolongar la conferencia lo más posible. Querían festejar, bailar toda la tarde, celebrar al Señor de la danza, todo para resistirse a volver a sus obligaciones y a las demandas de la universidad. La sesión general de la mañana se transformó en una celebración espontánea. Los muchachos y las chicas levantaban sus manos, se paraban sobre las sillas, gritaban, lloraban y reían, y luego, de repente, se oyeron los acordes de una conga. A los pocos segundos, cientos de estudiantes estaban serpenteando hacia afuera y hacia adentro del salón, en filas largas y bullangueras, alabando al Señor.

Un hombre mayor, con parálisis cerebral, estaba sentado en una silla de ruedas motorizada, observando los festejos de todos los demás. (Él no era un estudiante universitario. Técnicamente, ni siquiera se suponía que debía estar en la conferencia.) Yo estaba sentado cerca de él, mirando cómo los estudiantes celebraban, cuando de repente la silla de ruedas se metió en la celebración. Los brazos del hombre se movían, su silla se desplazaba por el salón con un movimiento espasmódico y cautivante, su boca luchaba por abrirse y cerrarse haciendo sonidos incomprensibles. De alguna manera, el hombre que no podía bailar había llegado a formar parte del gracioso baile de la multitud. Sin aviso previo, su silla de ruedas motorizada, se dirigió tambaleante a la base de la plataforma, moviéndose con rapidez para todas partes haciendo una serie de ochos, de remolinos y de círculos. Se estaba riendo, perdido en el gozo del Señor. Su gozo había tomado una máquina motorizada fría y fea, y la había transformado en una extensión de su libre adoración. Él y su silla de ruedas se habían convertido en algo vivo que bailaba. Este hombre, con un cuerpo inválido, encontró una manera de hacer bailar lo que no puede bailar.

Yo lo envidio. Quiero que mi alma inválida se escape de la espiritualidad fría y estéril de una religión donde solo pueden entrar los perfectos y no discapacitados. Quiero ir tambaleando hacia Jesús, en quien los no bienvenidos son bienvenidos, y los no cualificados resultan cualificados. Quiero oír a Jesús diciéndome que puedo danzar cuando todos los demás me dicen que no puedo. Quiero oír que Jesús camina hacia mí y le susurra a este cristiano discapacitado y desordenado: «¿Quieres bailar?».

3

RESISTIR A LOS QUE RESISTEN

Victoria sobre los saboteadores de la espiritualidad

Nuestro temor más profundo no es que seamos inadecuados. Nuestro temor más profundo es que seamos poderosos más allá de la cuenta. Es nuestra luz y no nuestra oscuridad lo que más nos asusta. Nos preguntamos: ¿Quién soy yo para ser brillante, atractivo, talentoso y fabuloso? En realidad, ¿quién eres para no serlo? Tú eres un hijo de Dios. Actuando limitadamente no sirves al mundo. No logras nada brillante pasando desapercibido para que otros a tu alrededor no se sientan inseguros.

NELSON MANDELA

Eran buenos en el peor sentido de la palabra.

MARK TWAIN

Ningún castigo que pudieran infligirles podía ser peor que el castigo que ellos se infligen sobre sí mismos al conspirar para disminuirse.

PARKER PALMER, *LET YOUR LIFE SPEAK*

Un hombre ciego está sentado a la orilla del camino pidiendo limosna. De repente, una multitud enorme pasa a su lado, por el camino, a empellones. Él hace algunas preguntas y se da cuenta de que está pasando Jesús.

Su corazón comienza a acelerar. *¡Jesús de Nazaret! ¡Este es el que puede curar la ceguera! Toda mi vida he querido ver, y ahora es mi oportunidad.* Se pone de pie y grita: «¡Jesús, Hijo de David, ten compasión de mí!».[1]

Instantáneamente, la multitud le grita al ciego: «¡Cállate! ¡Silencio!». Todos los que estaban alrededor del hombre trataron de silenciarlo, de impedir que hiciera una escena, de impedir que «hiciera enojar» a Jesús.

La naturaleza del ser humano, la naturaleza de la vida moderna, es hacer callar a los que interrumpen nuestras actividades y nuestras comprensiones rutinarias. No nos gustan los que hablan, los que se apartan del *status quo*, los que se niegan a quedarse callados, los que rechazan la aceptación como un estilo de vida. Preferiríamos mucho más que la gente no hablara, en lugar de decir cosas perturbadoras acerca de la fe genuina.

Los silenciadores

A las instituciones religiosas no les gustan las sorpresas, y especialmente no les gusta una espiritualidad que amenace el *status quo*. Si tú amenazas a otros con una fe llamativa y ruidosa, te pedirán amablemente que te calmes (eso al principio). Si danzas tu fe, en lugar de sentarte inmóvil en un banco de la iglesia, te pedirán que te vayas. Si hablas acerca de tu fe con pasión, recibirás expresiones de preocupación con respecto a la falta de propiedad de tus emociones. Permite que otros vean tu quebrantamiento y recibirás una represión por ser demasiado abierto. Si oyes la música de la fe, te advertirán sobre el peligro de la inestabilidad emocional.

Shel Silverstein ha escrito un hermoso poema sobre los que han sido silenciados. Se llama «The One Who Stayed» (El que se quedó). En su poema brillantemente creativo nos habla sobre Pied Piper (el flautista piadoso), que atrajo a los niños con su flauta. Todos lo niños de la ciudad de Hamelín lo siguieron danzando, dando vueltas, haciendo giros detrás de él, excepto un niño que se quedó en casa. Su padre afirmó la negación de su hijo de seguir a Pied Piper. El padre dijo que su hijo era afortunado porque la música del flautista no lo había atrapado. De lo contrario, habría sido embrujado como el resto. Pero el hijo sabía que no era así. Él sabía que la música del flautista había removido algo dentro de él, algo que daba vida, y que se iba a arrepentir por silenciar su anhelo de seguirlo:

> No puedo decir que no oí
> ese sonido tan inquietantemente hueco.
> Lo oí, lo oí, lo oí con claridad...
> Tuve miedo de seguirlo.[2]

Debes sentir pena por el que se quedó. Derrama una lágrima por el que oyó y tuvo miedo de ir detrás. Laméntate por el que dejó que el pueblo envejeciera alrededor de él. Siente lástima por los que están rodeados, por los que tienen miedo de seguir al «triste extraño», el que vino para hacernos danzar, dar vueltas y girar.

Pero todos los que hemos oído el inquietante sonido de la voz de Jesús, los que sentimos la vida y esperamos y nos aventuramos en el evangelio, los que estamos dispuestos a hablar, a cuestionar el sentido de muerte que nos rodea, a expresar nuestro deseo por la vida, no debemos quedarnos callados. No debemos hacerlo ni siquiera si alguien a nuestro alrededor nos dice que estamos locos.

Y la multitud *te va* a llamar loco.

Y las masas van a tratar de silenciarte.

Recientemente, yo estaba hablando en una conferencia y mencioné que una mujer de mi iglesia, a quien yo respeto profundamente y que es una de las mujeres más piadosas que conozco, fuma y a veces usa un lenguaje colorido. Después de la charla, me hicieron reparar en un pastor del público, que estaba enfurecido con mis mensajes. Tan enojado estaba, que ordenó que ningún miembro de su iglesia escuchara más mis charlas.

Después de la conferencia, tratando de entender por qué estaba tan contrariado, contacté con él.

«¡Cómo se atreve a decirle al público que una de las mujeres "más piadosas" que usted conoce fuma y usa el lenguaje del mundo!», me dijo muy acalorado.

«Porque *es* una de las mujeres más piadosas que conozco, y resulta que efectivamente fuma y usa un lenguaje colorido», repliqué.

La conversación continuó durante largo tiempo, y él no pareció recibir el impacto de mi defensa. Aunque no lo dijo de esta manera, lo que estaba expresando estaba claro: «¡Las mujeres piadosas no fuman y no usan un lenguaje colorido! Punto». En su mundo espiritual, no hay lugar para mujeres piadosas que fuman e insultan. Él no quería escuchar ninguna otra cosa. No hay excepciones.

En el mundo real donde yo vivo, esta mujer no es una excepción y continúa siendo una de las mujeres más piadosas que conozco.

El asalto de los cómodos

Todos nosotros tendemos a buscar la comodidad, a estructurar lo predecible, a eliminar de nuestra experiencia lo nuevo y lo diferente. La palabra *desorden* despierta temor en los corazones de los cómodos. De acuerdo a los cómodos, Dios hace lo que siempre hace.

«Dios es el mismo ayer, hoy y por los siglos», cosa que ellos interpretan como que «permanece igual». Están aquellos en la iglesia que honestamente creen que Dios es un Dios amable y ordenado. Un repaso rápido de la Biblia nos da una imagen diferente. El Dios de la Biblia es el maestro de las sorpresas: aterradoras nubes de humo y de fuego, terremotos, tormentas de viento y tormentas de fuego, asnos que hablan, columnas de sal, océanos que se dividen, uso de un jovencito para matar a un gigante, el Mesías en un sudario muriendo en una cruz. Nadie puede seguir a Dios y sentirse cómodo por mucho tiempo.

Una joven mujer, en el carril rápido hacia una carrera de negocios lucrativos, decidió que quería demorar los planes para su carrera, a efectos de trabajar con jóvenes de las zonas deprimidas de la ciudad. Dios había estado trabajando en su corazón y ella percibió un sentido real de llamamiento. Fue empleada por una iglesia donde la mezcla racial estaba cambiando, y en pocas semanas estaba trabajando con miembros de pandillas. Tuvo éxito en convencer a varios de ellos para que asistieran a un grupo de estudio bíblico en la iglesia. Una noche, ella estaba hablando acerca de Mateo 6.33 («Más bien, busquen primeramente el reino de Dios y su justicia»), explicando que si uno quiere ser discípulo de Jesús, ninguna cosa puede ser más importante que él. Sus palabras fueron: «Si la pandilla es más importante que Jesús, entonces la pandilla tiene que desaparecer. Si tu novia es más importante que Jesús, entonces tu novia tiene que desaparecer». Uno de los pandilleros estaba tan metido en lo que ella estaba diciendo que, al oír esas palabras, reaccionó violentamente tirando para atrás los brazos y gritando: «Es una locura, ¡es difícil ser un discípulo!». El codo se dio contra un vidrio y lo rompió. Cuando la gente de la iglesia descubrió esto se sintió muy contrariada por tener que pagar veintiséis dólares para arreglar la ventana, y prohibieron el uso del salón para los miembros de la pandilla. Aquí había una joven enseñándoles a los pandilleros acerca de Jesús, y ellos estaban escuchando. Lo estaba haciendo tan bien que sus alumnos entendieron lo costosa que es la fe. ¡Qué maestra! Pero la *iglesia* solo pensaba en ventanas rotas.

Pero se pone todavía peor.

Unas pocas semanas más tarde, accidentalmente el pastor interrumpió uno de esos estudios bíblicos. Se sentó y pasó unos cuantos minutos hablando con los pandilleros. Cuando se fue, uno de los chicos dijo: «Me gusta ese tipo. Vengamos a la iglesia este domingo». La mujer que trabajaba con los jóvenes decidió sentarlos arriba, en el anfiteatro, en vez de abajo con la congregación. Cuando el ministro salió y anunció que se iban a dar la paz unos a otros, uno de los pandilleros espontáneamente se puso de pie y gritó: «¡Loco, qué bárbaro que eres!». La congregación se dio vuelta conmocionada. Después del culto, le dijeron a la mujer que trabajaba con los jóvenes que no volviera a llevar a los pandilleros a la iglesia hasta que no aprendieran a comportarse *dentro* de la iglesia.

La gente de la iglesia *debió* haber invitado al pandillero a bajar. Debieron haber aplaudido a una mujer que estaba haciendo una tarea evangelizadora sorprendente. En cambio, ella fue despedida. Aparentemente, esta iglesia estaba más preocupada por la comodidad que por la incómoda búsqueda de espiritualidad de un grupo de pandilleros.

Busca la vida espiritual, reconoce el desorden que tienes, sigue a Cristo a dónde sea que él te guíe, y la incomodidad estará a la vuelta de la esquina.

Un grupo de nosotros, que estamos en el ministerio, nos conocemos desde hace años. Nos reunimos dos o tres veces al año y compartimos historias de nuestra vida, oramos y alabamos juntos a Dios. En realidad, no somos amigos íntimos, pero nos conocemos muy bien unos a otros. O por lo menos, así creemos. Hace unos pocos meses, estábamos sentados alrededor de una mesa poniéndonos al día, cuando una persona colocó un grabador de casetes sobre la mesa, anunciando que quería hacernos escuchar una cinta. Era la grabación de un testimonio que recientemente él había dado en su iglesia. No puedo describirles el impacto que causó sobre nuestros rostros oír la voz de nuestro amigo hablar sobre su lucha de toda la vida con el alcohol, cosa que se las había arreglado para esconder de su esposa, de sus hijos y de todos nosotros. Nuestro amigo necesitó mucha valentía de su parte para compartir el dolor de años para esconder su adicción.

Se hizo un silencio muy largo. Cada uno de nosotros estaba confrontando sus propios secretos. Cada uno de nosotros estaba luchando con el impacto y la incomodidad de darnos cuenta de que no conocíamos muy bien a nuestro amigo. En realidad, nos estábamos dando cuenta de que no conocíamos muy bien a ninguno del grupo. Se podía cortar la incomodidad con un cuchillo. Por supuesto, nuestro amigo estaba allí petrificado, temiendo que su sinceridad pudiera hacer que nosotros lo rechazáramos, que nos enojáramos por no haber dicho nada anteriormente, o peor, que lo juzgáramos como no apto para llamarse cristiano y que lo etiquetáramos como farsante o como no digno de confianza.

El ataque de los que etiquetan

Cuando aparecen Jesús y sus seguidores, la gente no tarda en comenzar a señalarlos con el dedo y a etiquetarlos. A Jesús lo trataron de toda clase de cosas: bebedor (en definitiva, ¿qué es un bebedor?), quebrantador del Sabbath, blasfemo. A lo largo de los siglos, las personas religiosas han refinado la habilidad de poner motes, hasta convertirla en un arte. ¿Cuál es la etiqueta más comúnmente usada hoy en día? *¡No espiritual!*

Debido a que nuestra iglesia es una iglesia «para personas a quienes no les gusta ir a la iglesia», muchos de nuestros miembros han recibido motes de parte de alguna iglesia (razón por la cual no les gusta ir a la iglesia) o de parte de los que asisten a una iglesia.

El cuerpo de Cristo puede ser malo.

Si una persona está tratando de seguir a Cristo y otros están preocupados por lo que está haciendo o por cómo lo está haciendo, etiquetar puede volverse algo vicioso.

Durante casi cuarenta años, Margaret vivió con el recuerdo de un día de esos que dejan cicatrices en el alma, en la escuela a la que asistía, que solo contaba con un aula. Desde el primer día en que Margaret llegó a clase, ella y la señorita Garner, su amarga y dura maestra, no se llevaron bien. A lo largo de los años, la animosidad entre ellas empeoró, hasta un día fatídico, cuando ella tenía nueve años, en el que la vida de Margaret cambió para siempre.

Ese día, Margaret entró corriendo desenfrenadamente en su aula, después del recreo, tarde otra vez. La señorita Garner estaba furiosa. «¡Margaret!», gritó: «¡te estamos esperando! ¡Ven al frente de la clase, ya mismo!».

Margaret caminó lentamente hasta el escritorio de la maestra, le dijeron que diera la cara a la clase, y luego comenzó la pesadilla.

La señorita Garner regañó vehementemente: «Niños y niñas, Margaret ha sido una niña mala. He tratado de ayudarla a ser responsable. Pero, aparentemente, ella no quiere aprender. Así que, debemos enseñarle una lección. Debemos obligarla a reconocer que se ha transformado en una persona muy egoísta. Yo quiero que cada uno de ustedes venga al frente del salón, tome un trozo de tiza y escriba algo malo acerca de Margaret sobre el pizarrón. ¡Tal vez esta experiencia la motive para llegar a ser una mejor persona!».

Margaret permaneció congelada, de pie, al lado de la señorita Garner. Uno por uno, los alumnos emprendieron una procesión silenciosa hacia el pizarrón. Uno por uno, los alumnos escribieron palabras que sofocan la vida, apagando lentamente la luz en el alma de Margaret. «¡Margaret es estúpida! ¡Margaret es egoísta! ¡Margaret es gorda! ¡Margaret es tonta!». Siguieron y siguieron hasta que veinticinco garabatos sobre la «maldad» de Margaret daban alaridos desde el pizarrón.

Las declaraciones venenosas ridiculizaron a Margaret en el que ella sintió como el día más largo de su vida. Después de llegar a su casa, caminando con cada palabra cáustica escrita indeleblemente en su alma, se metió en la cama, pretendiendo estar enferma, y trató de llorar para quitarse el dolor. Pero el dolor nunca se fue, y cuarenta años más tarde se desplomó en la sala de espera del consultorio de un psicólogo, todavía humillada a la sombra de esas veinticinco oraciones. Para su horror, lentamente Margaret había llegado a ser lo que sus compañeros habían escrito.

La maestra de Margaret sabía perfectamente lo que estaba haciendo. Conocía el poder de poner etiquetas. Margaret fue humillada por un acto irreflexivo y cruel, fue despojada del brillo de sus ojos, fue condenada a vivir el resto de su vida a la sombra de la pesadilla que fue esa experiencia.

Creo que muchos de nosotros hemos experimentado la humillación de Margaret.

Un día decidimos hacernos seguidores de Cristo, buscar su presencia en nuestras vidas y estábamos haciendo lo mejor posible para mantener a Jesús a la vista, cuando recibimos el impacto de descubrir que nuestros «compañeros» nos ponían etiquetas. «Impíos. No comprometidos. Malos ejemplos. No espirituales. Carnales. No bíblicos». En otras palabras: «Están haciendo todo mal con Dios».

Los que monitorean el reino y los condenadores

Según sus críticos, *Jesús* hizo todo mal con Dios. Fue a los lugares equivocados, dijo cosas incorrectas, y lo peor de todo es que dejó que simplemente cualquiera entrara en el reino. Jesús escandalizó a una religión de club de golf intimidante y elitista, abriendo la posibilidad de membresía en la vida espiritual para aquellos a quienes les había sido negada. Lo que enfureció a la gente fue el hábito «irresponsable» de Jesús de abrir de par en par las puertas de su amor a los cualesquiera, a los don nadie y a los sin posibilidades como tú y como yo.

Nada hace enojar más a la gente de la iglesia que la gracia. Es irónico: tropezamos con una fiesta a la cual no fuimos invitados, y nos encontramos con que los no invitados están parados a la puerta para asegurarse de que no entre ningún otro no invitado. Luego, ocurre un fenómeno extraño. En cuanto somos incluidos en la fiesta debido al amor irresponsable de Jesús, decidimos hacer que la gracia sea «más responsable», y nos transformamos en custodios del reino,

que guardan el reino de Dios, manteniendo fuera al populacho (el cual, según entiendo, está formado por los que el
reino de Dios se supone debe incluir).

Juan relata la historia de un hombre como nosotros, un advenedizo, un ciego advenedizo. El ciego se chocó con Jesús,
encontró que su ceguera fue «arruinada» por él, y llegó a ser un
escándalo para los líderes religiosos de sus días. Su encuentro
milagroso con Jesús es un modelo para todos los que estamos
tratando de vivir vidas espirituales.

En el capítulo 9, nos encontramos con este hombre,
que era ciego de nacimiento, sentado en su lugar familiar,
mendigando. Los discípulos levantan alguna pregunta
teológica con respecto a si su ceguera fue causada por su
propio pecado o por el de sus padres. No están preocupados por el *hombre* ciego; lo que les preocupa es la *teología*
de la ceguera. Los discípulos intentan tener una discusión
teológica, y Jesús la interrumpe. Deja bien en claro que lo
que importa es glorificar a Dios, ayudando a que hombres
y mujeres no videntes puedan ver. Los discípulos están in-
quietos por las teorías y las doctrinas. *Jesús está preocupado
por el hombre ciego.*

En efecto, Jesús dice: «Filosofar sobre la causa de la ceguera es interesante, pero *¡esperen a ver esto!* Hablar acerca
del poder de Dios es una cosa, pero miren lo que ocurre
cuando ustedes están en la presencia de su poder. Un poco
de barro, un poco de agua y el ciego ya no es ciego».

¡Ahora es cuando realmente comienzan los problemas
del ciego! Algunas veces cuando lo no videntes comienzan a ver, sus amigos más cercanos no están contentos.

Encontrarse con Jesús no siempre trae como resultado el fin de nuestras dificultades. A veces nuestras dificultades no hacen más que empezar. Jesús nos advierte: «No crean que he venido a traer paz a la tierra. No vine a traer paz sino espada». Comencemos una relación con Jesús, y nos meteremos en la misma clase de problemas que Jesús.

Cuando el hombre que antes era ciego regresa a su vecindario, sus vecinos se niegan a creer que ve. Temerosos del misterio, incapaces de medir la posibilidad de un milagro, los vecinos le dan la espalda a su amigo y lo arrastran hacia los que debieran haber sabido algo acerca de misterios, milagros y espiritualidad: los líderes religiosos, los condenadores. Allí comienzan a sabotear al ciego.

¿Cómo deberíamos responder tú y yo a la intimidación? ¿Cómo podemos sobrevivir cuando los que nos rodean critican nuestra espiritualidad, o peor, nos rechazan porque no somos lo suficientemente religiosos? El ciego nos da algunas pistas.

Vivir nuestra «ignorancia»

Los fariseos, los teólogos de esa época, los encargados de monitorear el reino, los que conocían las Escrituras como la palma de sus manos (en lugar de conocerlas en sus corazones), deberían haber estado listos para celebrar. En cambio, están listos para condenar.

«Cuéntanos, Sr. Ciego, ¿cómo es que se te han abierto los ojos?».

La respuesta del hombre es muy bizarra. «Ese hombre

que se llama Jesús hizo un poco de barro, me lo untó en los ojos y me dijo: "Ve y lávate en Siloé". Así que fui, me lavé y entonces pude ver».

El ciego reprueba el curso básico de religión.

Los que monitorean el reino saben más acerca de Dios que cualquier ciego no educado y rústico, o por lo menos así lo creen ellos. A continuación comienza una conferencia acalorada.

«Cualquier alumno de la Escuela Dominical sabe que las personas ciegas de nacimiento están pagando los pecados de su familia. El Dios verdadero no usa barro para sanar a las personas, y menos aun por medio de autodenominados profetas de los que nadie ha oído hablar. Y muy ciertamente, *Dios no sana en el Sabbath*».

A la gente religiosa le encanta esconderse detrás de su religión. Les encantan las reglas religiosas más de lo que aman a Jesús. Con la práctica, los condenadores permiten que las reglas se vuelvan más importantes que la vida espiritual.

John Mackie fue el presidente de la Iglesia de Escocia después de la Segunda Guerra Mundial. Junto con otros dos ministros de una denominación severa y pietista viajó a partes remotas de la Península Balcánica para visitar a los misioneros a quienes apoyaban.

Los tres clérigos visitaron a un sacerdote ortodoxo de una pequeña población griega. Entusiasmado por ver a los visitantes, el sacerdote les ofreció a los clérigos una copa de un vino raro y muy costoso. Horrorizados, los dos ministros pietistas lo rechazaron. En cambio, el Dr. Mackie se sirvió una copa llena, percibió su aroma como lo haría un conocedor de vinos, tomó un traguito y alabó su calidad. Incluso pidió otra copa. Sus compañeros estaban notoriamente disgustados por la conducta del Dr. Mackie.

Más tarde, cuando los tres hombres estaban otra vez en el jeep, transitando el difícil camino para salir del poblado, los dos piadosos clérigos se volvieron al Dr. Mackie.

Le dijeron: «Dr. Mackie, ¿usted pretende decirnos que es el presidente de la Iglesia de Escocia y funcionario del Consejo Mundial de Iglesias, y que bebe?».

El Dr. Mackie había bebido tanto como había querido y su temperamento escocés sacó lo mejor de él.

«No, no bebo», dijo él, «pero ¡alguien tenía que comportarse como un cristiano!».[3]

Mi sospecha es que el Dr. Mackie no convenció a sus condenadores. Las reglas de su fe eran mucho más importantes que demostrar gracia. Estaban mucho más entusiasmados por condenar la fe del Dr. Mackie y la del sacerdote que por vivir su propia fe.

Los condenadores tratan de forzar al ciego a que renuncie a Jesús, haciendo que confirme que Jesús es cualquier cosa menos el Mesías y que en realidad es un pecador.

¿Qué puede decir el ciego para defenderse? Confía en su ignorancia.

Dice: «Si es pecador no lo sé... *Lo único que sé es que yo era ciego y ahora veo*». El ciego hace lo único que puede hacer; relata su historia extraña, contradictoria, políticamente incorrecta e irracional. Dice la verdad, la suma de su entrenamiento teológico, lo cual, dicho sea de paso, es con lo que comienza la buena teología: con la verdad.

Brennan Manning nos relata la historia de un reciente convertido a Jesús, a quien se le acercó un amigo no creyente.

«¿Así que te has convertido a Cristo?».

«Sí».

«Entonces debes saber mucho sobre él. Dime, ¿en qué país nació?».

«No sé».

«¿Qué edad tenía cuando murió?».

«No sé».

«¿Cuántos sermones predicó?».

«No sé».

«Es evidente que sabes muy poco para ser un hombre que se ha convertido a Jesús».

«Tienes razón. Estoy avergonzado de lo poco que sé de él. Pero te voy a decir todo lo que sí sé. Hace tres años yo era un borracho, estaba endeudado, mi familia se estaba cayendo a pedazos, sentían temor incluso de verme. Pero ahora he abandonado la bebida. Hemos pagado las deudas. El nuestro es un hogar feliz. Mis hijos anhelan que yo regrese a casa cada noche. Todo esto hizo Cristo por mí. ¡Esto es todo lo que sé de Cristo!».[4]

Tal vez el alcohólico y el ciego no sabían mucho acerca de Jesús, pero sabían bastante acerca de sus *encuentros* con Jesús. El alcohólico y el no vidente quizá no hayan estudiado historia bíblica, pero sus vidas habían sido cambiadas por la verdad, y los fariseos (entonces y ahora) lo sabían.

Armados con su educación superior, con su teología impecable y con el poder de su religión, los fariseos tratan con desesperación, atacando con preguntas, de recuperar el control. «¿Es Jesús del diablo?... ¿Dónde está ese hombre?... ¿Qué sabes acerca de él?».

El ciego sabe muy poco sobre Jesús, pero es un experto en ver por primera vez. No sabe dónde está Jesús, pero sabe lo que hizo Jesús. No puede definir a un Mesías, pero ciertamente puede describir lo que significa ver una flor por primera vez. Cuando es confrontado con preguntas acerca de Jesús, el ciego no tiene temor de decir: «No sé».

«No sé» es con frecuencia la única respuesta que podemos dar para explicar el misterio de Cristo.

Jesús frecuentemente dejó a sus seguidores «sin saber». Nuestra relación personal con Cristo es con frecuencia la única apologética que podemos ofrecer. Nuestra falta de conocimiento es el comienzo de la humildad y la esencia misma de la vida espiritual.

El intimidado se transforma en intimidador

Arrastrado delante de sus vecinos, de su familia y de los fariseos, el ciego recibe puñetazos de todos ellos. Sus vecinos no le creen, sus padres lo abandonan y los fariseos lo atacan física y también emocionalmente. Tratan de intimidarlo, de hacerlo callar.

Pero el ciego no se calla la boca. Aparentemente, unos pocos minutos *con* Jesús nos enseñan más acerca de Dios que toda una vida de estudio *sobre* Dios. (¡Confía en tu relación con Jesús!). Y luego, sin aviso previo, el que recibe la conferencia se torna en conferenciante.

«¿Qué les pasa a ustedes? ¿No saben quién es este hombre, y aun así él ordenó que se me abrieran los ojos? Dios no obedece a pecadores, ¿y aun así escuchó a este hombre? Mmmmm. Esto me hace pensar que debe provenir de Dios, porque si no fuera así, ¿cómo podría haber hecho lo que acaba de hacer?».

Los fariseos se irritan tanto que físicamente arrojan al ciego fuera de la sinagoga, dejándolo solo. Decir la verdad puede hacer que te maten... o, por lo menos, que te den una paliza.

Y aquí está la mayor tragedia de todas. Ni siquiera un personaje de todo el capítulo nueve de Juan, incluyendo a los padres del ciego, hacen lo que cualquier seguidor de Cristo debería haber hecho: *¡organizar una fiesta!* Cuando un hombre o una mujer acaban de recibir la vista después de toda una vida de ceguera, alguien debería encargar el vino, encender la música y *¡comenzar la celebración!* La vida espiritual no tiene que ver simplemente con reglas y con regulaciones, con la enseñanza y con la teología, con conferencias y con sermones. La vida con Jesús está hecha para ser vivida y no apagada, disecada, inspeccionada o condenada. ¡El ciego debió haber pasado el mejor momento de su vida! Su momento de curación debió haber sido conmemorado como aquel que nunca olvidaría.

Uno de los amigos de mi hijo (lo voy a llamar Greg), recientemente cumplió veintiocho años. Los padres de Greg no estaban felices con sus elecciones de vida, especialmente con su decisión de irse a vivir con su novia, Diane. Conociendo el disgusto de sus padres, Greg y Diane decidieron casarse y llamaron a sus padres para darles la buena noticia. «Queremos casarnos en Minnesota para que pueda ir toda la familia». Los padres de Greg estaban contentos pero cohibidos.

Mientras estaban planeando la boda, Diane descubrió que estaba embarazada. Dándose cuenta de que este embarazo entristecería a sus padres, Greg decidió cancelar la boda y, en cambio, usar para el bebé el dinero que iban a gastar. Greg y Diane optaron por un casamiento civil presidido por un juez de paz. Solo mi hijo y su novia fueron testigos de la unión.

Un par de semanas más tarde, mi hijo y su novia estaban con algunos amigos y surgió el tema del casamiento de Greg. Todos concluyeron que no era un casamiento y era impersonal y aislado. A medida que conversaban, aumentó su convicción. Ninguna boda debería ser una transacción impersonal, aislada y burocrática. Las bodas deben celebrarse. La pareja debe estar rodeada del respaldo y el cuidado de familiares y amigos. Los miembros del grupo se miraron unos a otros y dijeron casi al unísono: «¿Por qué no les damos a Greg y a Diane la boda que nunca tuvieron?». En cuanto las palabras salieron de sus bocas, ya sabían qué tenían que hacer. Aun cuando Greg y Diane estaban legalmente casados, el grupo decidió obsequiarles una boda «real». Se fijó la fecha, llamaron a ambas familias, y sorprendentemente todos estuvieron de acuerdo en concurrir a la boda sorpresa. Sesenta amigos y familiares estuvieron involucrados en una conspiración de gracia.

Para asegurarse de que la pareja estuviera libre el nuevo día de la boda, Greg y Diane fueron invitados a la casa de mi hijo para una cena «de gala». Cuando llegaron, un grupo de sus amigos los secuestraron separadamente y le hicieron la despedida de solteros que nunca habían tenido. La novia y el novio fueron llevados a un lugar apartado, donde sentados en un círculo con amigos de su mismo sexo, les formularon preguntas como: «Ahora que llevan tres meses casados, ¿qué errores has cometido? ¿Cómo podemos ayudarlos en su matrimonio?». Tanto al joven esposo como a su joven esposa les dieron una fotografía de su cónyuge y les pidieron que escribieran detrás todas las razones por las que amaban a esa persona.

Cuando se terminaron las fiestas de despedida, Greg y Diane pensaron que la sorpresa había terminado. Imagínense el impacto cuando los llevaron de regreso a la casa para descubrir que allí había sesenta familiares y amigos esperándolos, riendo y gritando: «¡Sorpresa!». Allí comenzaron los abrazos y el llanto. A Greg y a Diane les llevó mucho tiempo parar de llorar, y cuando lograron recuperar la compostura, el grupo entero se desplazó hacia el jardín de atrás, rodeado de flores, donde un ministro estaba esperando. La pareja intercambió votos, cada padre y madre prometió su respaldo y cada amigo pasó por al lado susurrando una bendición para Greg y para Diane. Para cuando terminó la ceremonia, no había ningún ojo seco en ninguna parte. Todos se fueron sabiendo que habían participado en un momento de gracia.

Esta boda tenía el nombre «Jesús» escrito por todas partes.

Los que monitorean el reino alzarían sus voces inmediatamente. «¡Ustedes no pueden hacer esto! Están condonando los pecados de dos jóvenes que han vivido juntos y han concebido un bebé antes de casarse. Los cristianos verdaderos no condonan una vida no bíblica». Y estarían en lo correcto. Los cristianos no *condonamos* la vida no bíblica; la *redimimos*. Greg y Diane pudieron tener una visión de la redención en una experiencia llena de gracia.

Jesús corrige lo incorrecto

Al final de la historia del ciego encontramos estas palabras: «Jesús se enteró de que habían expulsado a aquel hombre, y al *encontrarlo*...». Jesús no se olvidó del ciego. No lo abandonó, sino que lo buscó, fue detrás de él, lo encontró, incluyendo las respuestas «incorrectas», las explicaciones «incorrectas» y la teología «incorrecta». Jesús nos encuentra a ti y a mí, y yo creo que dice lo mismo que le dijo a la mujer frente a la condenación de todos los que la rodeaban: «Mujer, ¿dónde están? ¿Ya nadie te condena?... *Ni yo te condeno*».[5]

¿Se acuerdan de Margaret? Después de décadas de depresión y de ansiedad, finalmente buscó ayuda y estaba teniendo su última consulta con su psicólogo. Dos largos años de consejería semanal ayudaron finalmente a Margaret a liberarse de su pasado. Había sido un camino largo y difícil, pero ella le sonrió a su consejero (¡hacía tanto tiempo que no sonreía!) cuando hablaron de que ella estaba lista para seguir adelante.

«Bueno, Margaret», le dijo el consejero suavemente, «creo que este es tu día de graduación. ¿Cómo te sientes?».

Después de un largo silencio, Margaret habló. «Estoy... bien».

El consejero titubeó. «Margaret, yo sé que esto va a ser difícil, pero para asegurarme de que estás lista para seguir adelante, te voy a pedir que hagas una cosa. Quiero que regreses al aula de tu escuela y que detalles los eventos de ese día. Tómate tiempo. Describe a cada uno de los niños a medida que se acercan al pizarrón. Recuerda lo que escribieron y cómo te sentiste. Describe a todos y cada uno de los veinticinco alumnos».

Eso era fácil para Margaret. Llevaba cuarenta años recordando cada detalle. Aun así, pasar por la pesadilla una vez más exigiría toda la fuerza de la que dispusiera. Después de un largo silencio comenzó su dolorosa descripción. Uno por uno, describió vívidamente a cada uno de los alumnos, como si acabara de verlos, deteniéndose periódicamente para recuperar su compostura, obligándose a confrontar a cada uno de aquellos alumnos una vez más.

Finalmente terminó, y las lágrimas no dejaban de correr, no podían dejar de correr. Margaret lloró largo tiempo antes de darse cuenta de que alguien estaba susurrando su nombre. «Margaret. Margaret. Margaret». Levantó la mirada y vio a su consejero, que la miraba a los ojos, diciendo su nombre una y otra vez. Margaret dejó de llorar un momento.

«Margaret. Te olvidaste de... una persona».

«¡Estoy segura de que *no*! He vivido con esta historia durante cuarenta años. Conozco a cada alumno de memoria».

«No, Margaret, de verdad te has olvidado de alguien. Ves, está sentado al fondo del salón. Ahora está de pie, caminando hacia tu maestra, la señorita Garner. Ella le está entregando un trozo de tiza y él lo toma. Margaret, ¡lo está tomando! Ahora está caminando hacia el pizarrón y tomando un borrador. *Está borrando cada una de las oraciones que escribieron los alumnos.* ¡Ya no están! Margaret, ¡ya no están! Ahora se está dando la vuelta y te está mirando, Margaret. ¿Lo reconoces? Sí, su nombre es Jesús. Mira, está escribiendo nuevas oraciones sobre el pizarrón. "Margaret es una persona querida. Margaret es hermosa. Margaret es gentil y amable. Margaret es fuerte. Margaret es muy valiente"».

Y Margaret comenzó a sollozar. Pero muy pronto el sollozo se tornó en sonrisa y luego en risa y luego en lágrimas de gozo.[6]

Después de cuarenta años oscuros, Margaret ya no estaba condenada, ya no estaba sola y tampoco se sentía rechazada. La ceguera del horror de su pasado fue eliminada. Margaret y un cierto ciego (y tal vez incluso tú y yo) pueden gritar con confianza: «¡Una vez yo fui ciego, pero ahora veo!».

4

LA FEALDAD
DEL RECHAZO

Paralizados por nuestro pasado

Cuán indescriptiblemente dulce es saber que nuestro Padre Celestial nos conoce de manera completa. Ningún chismoso puede informar sobre nosotros. Ningún enemigo puede hacer que se quede pegada una acusación. Ningún esqueleto olvidado puede salir dando vueltas de ningún armario escondido para avergonzarnos y exponer nuestro pasado. Ninguna debilidad insospechada en nuestro carácter puede salir a la luz para que Dios se aleje de nosotros. La razón es que él nos conocía muy bien antes de que nosotros lo conociéramos, y nos atrajo hacia él con pleno conocimiento de todo lo que había en contra nuestra.

A. W. TOZER, *THE KNOWLEDGE OF THE HOLY*

Desde un campo religioso se nos dice que lo que Dios quiere es obediencia, o sacrificio, o adhesión a las doctrinas correctas, o moralidad. Esas son las respuestas ofrecidas por las iglesias conservadoras. Las iglesias más terapéuticas sugieren que no, que Dios está detrás de nuestro contentamiento, o de nuestra alegría, o de la realización personal, o de cualquier otra cosa parecida a esto. Él está preocupado por todas estas cosas, por supuesto, pero no son su preocupación principal. Está detrás de no-sotros, de nuestra risa, de nuestros sueños, de nuestros temores, de nuestro corazón.

BRENT CURTIS Y JOHN ELDREDGE, *SACRED ROMANCE*

Soy un ministro».

«¿En serio? ¿A qué seminario fuiste?».

«... No fui al seminario».

«¿A un instituto bíblico?».

«No».

«¿Has sido ordenado?».

«Bueno... no exactamente».

Vi las miradas en sus rostros y oí lo que estaban pensando. *¿No estás ordenado? ¿No tienes formación bíblica y eres pastor de esta iglesia? ¿Qué clase de iglesia de chirigota, infantil e ilegítima es ésta?* Y yo pensaba para mí mismo: «*¿Por qué no fui a un seminario? Debí haberme tomado más en serio mis estudios posteriores a la escuela secundaria. Vaya si arruiné mi pasado*».

Rechazo. La experiencia paralizante de la desaprobación, el repudio, la exclusión, el ostracismo. La religión ha sido muy buena en esto. El rechazo nos mantiene al alcance y nos marca con la etiqueta de «perdedor». Estas deberían ser buenas noticias para ti y para mí, porque ¿sabes qué?, Jesús se siente atraído por los perdedores. Los perdedores de Jesús son grandes candidatos para la espiritualidad.

La espiritualidad de los perdedores

Hablemos de perdedores. Hablemos de un desastre moral.

Hablemos de una persona que ha cometido demasiados errores, que ha fracasado demasiadas veces.

Hablemos de una mujer que es un desorden. La mujer samaritana del capítulo cuatro de Juan le da un nuevo significado a la palabra desorden.

Cuando se trata de inmoralidad, esta mujer es una profesional. De todas las personas que tropezaron con el Hijo de Dios, tenía que ser una mujer la que tuviera un pasado que sugiriera que estaba más lejos de Dios que nadie. Sorprendentemente, Jesús inicia una conversación con ella. Un respetable varón judío (especialmente un varón, Mesías y judío respetable) no tendría que haber estado conversando con una mujer como ella. Punto. Una mujer con su reputación solo podía dañar la reputación de Jesús, *¡pero a él no parece importarle!*

Extrañamente, esta mujer ha estudiado religión. Conoce a distintos mesías y se ha divorciado cinco veces. Decididamente, ella conoce a los hombres, pero nunca se ha encontrado con un hombre o un Mesías como el que tiene delante. Este *hombre* la trata con respeto. ¿Qué clase de hombre es este? La escucha, dialoga con ella, toma sus preguntas con seriedad y la trata con dignidad y amabilidad. *Gracias a Dios,* piensa ella, *él no sabe qué clase de mujer soy yo.*

Pero él *sí* sabe qué clase de mujer es ella.

Lo que ocurre es que *ella* misma no sabe qué clase de mujer es. Jesús la pone cara a cara consigo misma. Ella haría cualquier cosa para evitar enfrentarse con lo que ha llegado a ser. Jesús sabe que ella no puede hacer como si no hubiera. Tiene que enfrentarse al pecado, mirarlo y admitirlo. Jesús sabe que para ponerse bien, ¡ella tiene que ser real!

Jesús no le da cátedra, no la condena ni la humilla. En cambio, le recuerda gentilmente a dónde la han llevado sus elecciones. De pie en ese lugar extraño, con su pasado y su reputación ya no más secretos, ella reconoce su anhelo más profundo, su anhelo del Mesías. Ahora puede reconocer que en su búsqueda fútil de relaciones había estado buscando agua, agua viva. Durante toda su vida de andar a la pesca del hombre adecuado, lo que había estado tratando de encontrar era a Dios. Ahora él está en pie delante de ella.

En lugar de concentrarse en sus defectos, Jesús se enfoca en *su deseo de Dios.* Jesús reconoce que ella llevaba toda la vida buscando amor en los lugares equivocados, y honra su pasado de sinsabores mirando dentro de su corazón. Jesús la conduce hacia él.

Esta mujer verdaderamente ha arruinado su vida, y Jesús se encuentra con ella en medio de su desorden. No es de extrañar que la mujer deje su cántaro y salga corriendo hacia la ciudad, dando los gritos: «Vengan a ver a un hombre que me ha dicho todo lo que he hecho».

¿Avergonzada de su pasado? Ya no. Lo único en la que es capaz de pensar es en su futuro. Una mujer definida por su pasado es ahora definida por su presente. Su pasado embarrado, lleno de errores, atiborrado de pecado la ha conducido hacia el hombre que es como ningún otro, y ella quiere que todos los demás lo conozcan.

Cuando Jesús se encuentra con nuestro pasado

Todas las cartas juegan en contra de la mujer que está junto al pozo. Si miramos su larga lista de elecciones equivocadas, muchos podrían considerarla como no redimible, no salvable, no enseñable y fuera del alcance de toda ayuda. No es que simplemente haya cometido algunas faltas; sino que ha vivido toda una vida de errores, suficiente como para hacer que la mayoría concluya que su vida está dañada y sin esperanza. Ella llega al pozo cerca del mediodía, porque las mujeres respetables lo hacen de mañana y ella entiende que no es para nada una mujer respetable.

Pero Jesús la respeta.

Jesús no ve lo que ven todos los demás.

En lo que a Jesús respecta, esta mujer es salvable, enseñable y redimible. En lo que a Jesús respecta, la mujer sin futuro tiene un futuro; la larga cadena de errores de esa mujer está a punto de cortarse. Jesús ve su deseo presente, lo cual hace irrelevante su pasado.

¿Te resulta difícil creer que puede ocurrir lo mismo contigo y conmigo; que de verdad pueden redimirse nuestras faltas, nuestra cadena de fracasos y lo que todos los demás caratulen de no redimible? ¿No crees tú que la ruina que hemos hecho de nuestras vidas puede ser el lugar donde nos encontremos con Jesús? ¿Lo crees?

Nuestro pasado es un reflejo de nuestros anhelos

Nuestra búsqueda de amor, de significado, de felicidad es con frecuencia nuestra búsqueda de Dios disfrazada. Cuando se nos quiebra el piso de nuestras vidas, cuando llegamos a un callejón sin salida, cuando no tenemos adónde ir, con frecuencia nos ponemos en contacto con nuestro anhelo de Dios. La religión le había hablado a la mujer samaritana de la posibilidad de un Mesías, y ella se encuentra con el Mesías real, que inmediatamente reconoce su sed y le ofrece el agua viva de su gracia. Lo que esta mujer espera del Mesías es una larga crítica, una conferencia que ilumine lo que debía hacer, un recordatorio duro y justificado de las consecuencias que han tenido sobre otras personas sus elecciones equivocadas. En cambio, lo que recibe es compasión, suavidad, amabilidad y una vía para escapar de la ruina de su vida.

Jesús se dirige directamente a sus anhelos, los encuentra, y en el proceso la encuentra a *ella*.

En un libro escrito por Mike Riddell, de Nueva Zelanda, Vincent ha conocido a una joven llamada Marilyn y se ha enamorado de ella. Ninguno de los dos está buscando una relación, pero la relación los está buscando a ellos. Llevados por sus emociones, los dos se involucran profundamente. Marilyn, una prostituta, no está preparada para enamorarse, y seguramente no está preparada para la sinceridad que requiere el amor. Ella debe decirle a Vincent lo que ella es, sabiendo muy bien que esa dolorosa revelación probablemente signifique el fin de la relación.

«¿Vincent?».

«Mmmm».

«Tenemos... Tenemos que hablar de una cosa».

«Solo si tú quieres. Yo soy feliz sentado aquí y contemplándote. Perdón, esto parece algo serio». En realidad, esto se parece a la introducción de una carta que dice: «Querido Juan: te tengo que decir la verdad».

«Se trata de mí y de lo que hago».

«Sí, me preguntaba cuándo ibas a tener el valor de hablarme de eso. No me digas nada, trabajas para la CIA, ¿no es cierto? Perdón, perdón, me callo».

Ella está totalmente concentrada en su ensalada y la revuelve buscando algo. Hace cualquier cosa como para evitar la mirada de él.

«No me resulta fácil decir esto. Soy una prostituta. Me acuesto con hombres para ganarme la vida. Es un negocio. Soy muy profesional».

El tiempo y el silencio tienen una particularidad. Producen una grieta sin fondo. Y allí estás tú, de pie justo al borde, consciente de que en cualquier momento puedes comenzar a caer y a caer y a caer, sin esperanza de recuperación. En ese momento, ellos están a ambos lados de la grieta, cada uno consumido por su terror privado. Finalmente, ella levanta los ojos de la ensalada. Vincent está llorando. Sus lágrimas corren por sus mejillas y se está mordiendo el labio para dejar de sollozar.

«Lo siento. No quise desilusionarte. Lo siento, Vincent, lo siento».

Él no puede hablar. Quiere hacerlo, pero sus esfuerzos son vanos. La está mirando a ella, su hermoso rostro, sus ojos y la expresión levemente dura de alrededor de su boca. Y llora y llora. Ella extiende su mano al otro lado de la mesa para tomar la de él. Ella no tiene lágrimas, se siente vacía y desolada y estéril. Vincent está murmurando algo, pero es algo incoherente debido al dolor. Y luego comienza a repetirlo una y otra vez.

«Te amo, te amo, te amo, te amo...».

Esto es lo peor que ella ha escuchado en toda su vida. Quiere dar alaridos, quiere romper algo, quiere volcar la mesa con ira. En cambio, algún tipo de plataforma continental se desgarra dentro de ella. Su respiración se entrecorta y comienza a gemir, dando un terrible grito agonizante que viene de otro lado. Y las lágrimas empiezan a derramarse. Ellos se toman de las manos con fuerza y se apoyan sobre las frentes. Las lágrimas fluyen al abismo sin parar.[1]

Marilyn esperaba que Vincent la rechazara, que se alejara de ella, que no tuviera nada que ver con ella. De manera extraña y muy tocante, Vincent hizo lo mismo que haría

Jesús. Miró más abajo de su conducta, vio sus anhelos y lo único que pudo hacer fue llorar. Ella esperaba una crítica; lo que recibió fue *comprensión*. En lugar de oír palabras de condenación, Marilyn oyó una y otra vez: «Te amo».

La fealdad del rechazo

Basándose en sus experiencias con la religión, tanto Marilyn como la mujer del pozo estaban preparadas para la frialdad, la recriminación del juicio y la condenación. Ninguna de las dos estaba feliz con las decisiones tomadas en sus vidas. Ninguna necesitaba que le recordaran lo que habían hecho mal. Ninguna de las dos habría sido sanada fregándose sal sobre las heridas. Lo que necesitaban con desesperación, lo que querían con desesperación era que alguien reconociera lo que estaban buscando y no lo que estaban haciendo. Nota que no digo que querían ser legitimadas. No estaban *buscando* a alguien que condonara lo que habían hecho; estaban buscando a alguien que las aceptara. Lo que normalmente sufren los pecadores notorios es rechazo, distancia separación y alejamiento. A la mayoría de las personas no les gustan los pecadores, no quiere estar cerca de ellos y, ya sea que lo reconozca o no, deja bien en claro su desdén por los pecadores.

Un domingo por la mañana, un hombre mayor apareció en nuestra iglesia y se sentó en la primera fila. Su cabello trenzado y parcialmente enredado le llegaba por debajo del cinturón; su barbita extremadamente larga y ondulada salía para todas partes. Su nerviosismo era obvio. Yo sentí su temor. Cuando llegó el momento de dar la bienvenida, hablé acerca de lo importante que es que la iglesia sea un lugar donde algunas personas relevantes, pero mayormente donde las irrelevantes, puedan sentirse seguras, sin importar lo inseguro que sea el ambiente fuera de la iglesia. Cuando nos pusimos de pie para darnos la paz, este hombre se mezcló en medio de nuestra pequeña congregación. Después del culto se acercó a mí y con sus ojos húmedos me dijo: «Es la primera vez que estoy en una iglesia como esta. Para decir la verdad, sentí una seria aprehensión cuando usted anunció que nos íbamos a dar la paz. Yo esperaba lo peor. ¿Sabe lo que significa entrar a una iglesia y que ninguna persona le hable, que ninguna persona lo toque y que ni siquiera uno solo reconozca su presencia? Yo sí. Se puede cortar el rechazo con un cuchillo. ¡No se puede imaginar lo solo que uno se siente!».

Sin saberlo, él había descrito a la mujer junto al pozo. Ella se acercó *sola* al pozo. Nadie quería reconocerla. El visitante de nuestra iglesia sintió el impacto de ser tocado, abrazado, de que le hablaran y lo reconocieran. Esto le dejó una huella profunda. Y exactamente lo mismo le ocurrió a la mujer del pozo.

Es trágico que muchos de nosotros tengamos temor de tratar de satisfacer nuestro anhelo de Dios. La razón es que cuando hemos cometido errores, y las cicatrices de nuestras elecciones han sido visibles, otros han sido rápidos en aislarnos, en distanciarse de nosotros, en cuestionar nuestra sinceridad y nuestro compromiso con el cambio.

El poder de la vida no cambiada

Después de su conversación con Jesús, la mujer del pozo está empezando a comenzar una manera de vivir totalmente nueva, *pero ninguno de los hechos de su vida ha cambiado.* Todavía está viviendo con un hombre que no es su marido.

Se ha divorciado cinco veces. Su reputación continúa siendo un desastre. Con frecuencia, Jesús le dijo a la gente que no hablara acerca de su encuentro con él. Pero no fue así con esta mujer. Su fe tiene apenas unos minutos de vida y ya se ha transformado en una evangelista, ya está teniendo una influencia enorme sobre su comunidad. ¿Qué es lo que dice ella? No mucho. «Vengan a ver a un hombre que me ha dicho todo lo que he hecho». En la ciudad todos saben lo que ha hecho esta mujer. Es mucho. Lo que ella dice no llama la atención. Pero que ella hable públicamente de su pasado vergonzoso causa impacto.

Sus palabras son pocas y aparentemente insignificantes, pero que las diga es muy significativo. Lo que en realidad dice es: «Yo sé que ustedes saben quién soy yo, pero acabo de conocer a alguien que me ha liberado de mi pasado, de mi reputación y ya no soy la persona que ustedes piensan que soy. Ya no soy rehén de mis propios errores. Estoy *libre*. Estoy *libre*». Aun así, nada ha cambiado. Pero todo ha cambiado. Sus vecinos pueden oírlo en su voz y verlo en sus ojos. Para correr hacia el hombre que ella describe, lo único que necesitan son sus palabras. Por razones que ellos no entienden, lo que es *ahora* esta mujer parece más relevante que lo que era *antes*.

Las implicaciones para nosotros son sorprendentes. Aquellos de nosotros que queremos apartarnos de nuestro pasado, los que hemos llegado al fin del camino, podemos comenzar ahora con nuestra vida *no* cambiada. No tenemos que esperar a ser «maduros». No tenemos que mudarnos a otra ciudad o convencer a los demás de que hablamos en serio. Simplemente emprendemos el camino. Comenzamos. Damos los primeros pasos, nos bamboleamos, tropezamos, caminamos con inseguridad hacia la vida espiritual, *aun cuando no lo hagamos bien.*

El béisbol de las ligas menores puede ser un deporte brutal, especialmente para los niños de nueve y diez años que compiten en los torneos nacionales. Era el campeonato de la Liga Menor local. Las tribunas estaban llenas de los familiares de cada uno de los jugadores. Uno de los niños llevó a su mamá, su papá, sus abuelos y tres tíos y tías para que lo vieran jugar.

La séptima entrada era para comerse las uñas. El otro equipo llevaba una vuelta de ventaja. Las bases estaban armadas, dos chicos estaban fuera de juego, y el pequeño que tenía la familia numerosa tenía que batear. Si bateaba mal, se terminaba el juego y su equipo perdería. Si bateaba la pelota, sería el héroe del partido.

Intentó la primera vez y erró.

«¡Primera pasada!», gritó el árbitro.

Las familias del equipo contrario gritaban jubilosas, pero la familia del niño gritaba aun más fuerte.

«Está bien, Carl. No hay problema. ¡Casi le pegaste a la pelota! ¡Ahora, golpea sin piedad en el próximo lanzamiento!».

«¡Segunda pasada!», gritó el árbitro después del siguiente lanzamiento.

Se desató un pandemonio. Ambos equipos y sus familias se gritaban unos a otros. La familia y el equipo de Carl lo alentaban a él; los jugadores y las familias del equipo defensivo se burlaban. Nadie era capaz de oír sus propios pensamientos.

Aparecieron arrugas en la frente del niño, mientras esperaba el siguiente lanzamiento. En cuanto la pelota salió de las manos del lanzador, parecía estar inmóvil. La pelota se dirigió velozmente hacia Carl. Pareció tardar una eternidad en cruzar hasta él, pero al fin lo hizo y Carl intentó golpear con toda su fuerza.

«¡Tercera pasada! ¡Estás fuera!».

No solo Carl estaba fuera de juego, sino que el partido había terminado y él había sido la causa de la derrota.

El equipo ganador se enloqueció, sus familias se lanzaron hacia el campo de juego y todos bailaban, reían, alentaban y celebraban. Excepto el equipo de Carl. En cuanto los jugadores del equipo de Carl salieron del campo de juego, derrotados, se mezclaron con sus familias y se encaminaron de regreso a sus automóviles en silencio.

Excepto Carl.

Carl todavía estaba parado en la base, devastado, solo, con la cabeza baja en expresión de desgracia.

De repente, alguien gritó: «Muy bien, Carl, ¡dale a la pelota!». Sorprendido, Carl levantó la vista y vio que su familia se desparramaba por el campo de juego. El abuelo lanzaba. Papá atajaba. Mamá estaba en la primera base, el tío David estaba en la segunda y el resto de la familia había cubierto otras posiciones.

«Vamos, Carl, toma el bate. El abuelo va a lanzar».

Confundido, Carl tomó el bate e intentó pegarle al primer lanzamiento del abuelo. Erró y volvió a errar los siguientes seis golpes. Pero al séptimo lanzamiento, determinado a pegarle, Carl mandó la pelota para el campo izquierdo. Su tía corrió, recogió la pelota y la arrojó a la primera base con mucho tiempo, pero mamá, que estaba en la prima base, debe haber perdido la pelota al darle el sol, porque pasó entre sus manos y se metió en el cobertizo de los jugadores. «¡Corre!», gritaron todos. Mientras Carl corría hacia la segunda base, mamá recuperó la pelota y la arrojó. Sorprendentemente, al tío David también lo enceguéció el sol. «¡Sigue corriendo!», gritó alguien, y Carl se dirigió a la tercera base, donde el lanzamiento pasó por lo menos sesenta centímetros por encima de la cabeza del que estaba allí. «¡Sigue corriendo, Carl!», y Carl corrió hacia la base meta, más rápido que nunca. La pelota fue arrojada con una precisión exacta mientras el que atajaba, bloqueando la base meta, esperaba para tocar a Carl y sacarlo fuera del juego. Pero en cuanto Carl llegó, la pelota rebotó en el guante del que atajaba y ¡Carl se salvó!

Antes de darse cuenta de lo que había pasado, Carl se encontró llevado en andas sobre los hombros del tío David, mientras el resto de la familia se agrupó alrededor de él gritando su nombre.

Una persona que estaba observando este sorprendente evento le comentó a un amigo: «Acabo de ver a un niño pequeño que fue víctima de una *¡conspiración de gracia!*».

Carl, el perdedor, el que falló en batear bien, el que le falló a su equipo y desilusionó a su familia, pasó de perdedor a héroe. Carl, quien se habría ido con el horrible recuerdo de su fracaso, recibió en cambio un recuerdo de gracia, de amor y de aceptación.

Lo mismo le ocurrió a cierta mujer que estaba junto a un pozo.

Yo conozco acerca de conspiraciones de gracia. Yo mismo he sido víctima de una.

Para ser honesto, mi falta de entrenamiento como ministro, mi condición de no haber sido ordenado me han causado tanta molestia como les causa a otros. Me acecha mi pasado falto de educación formal.

Hace dos años fui invitado a hablar en el retiro anual de ministros de la Iglesia Adventista del Séptimo Día de Oregón. Más de ciento cincuenta ministros del estado de Oregón estuvieron presentes. Yo no soy adventista del séptimo día, pero siempre los he considerado hermanos en Cristo, aun cuando no estoy de acuerdo con algunas de sus doctrinas. Fui invitado para hablar acerca del la necesidad del ministerio juvenil, tema que permitía que tanto los adventistas como yo mismo nos sintiéramos distendidos con respecto a cualquier diferencia que pudiéramos tener.

En el proceso de hablar sobre los jóvenes, me encontré hablando acerca de las frustraciones del pastorado, y noté que muchos de los ministros asentían ante mis reflexiones sobre la iglesia. A medio camino, abandoné mis comentarios sobre el ministerio juvenil y comencé a hablar sobre la soledad y las luchas del pastorado. Me referí muchas veces al hecho de no estar ordenado y aun así noté que había una buena comunicación, incluso hasta el punto de las lágrimas, en el caso de algunos ministros.

Después de la última charla, los líderes vinieron al frente y me pidieron que me quedara. Tenían un regalo para mí. Yo me imaginaba cuál iba a ser el regalo: una camiseta (este es el regalo obligado en la mayoría de las conferencias). Me equivoqué.

El director del estado dijo: «Mike, te has pasado el fin de semana pidiendo disculpas por tu falta de preparación. Te has referido a ti mismo como "ministro de segunda", y nos has recordado que no eres un verdadero ministro porque no estás ordenado. Bueno, Mike, estás equivocado, porque esta semana tú nos has ministrado. Nosotros pensamos que eres un verdadero ministro. Mientras hablabas, hemos estado en contacto con nuestras autoridades nacionales. Por lo que yo sé, es la primera vez que se hace esto, pero ¡queremos ordenarte en la Iglesia Adventista del Séptimo Día!».

El salón entero permaneció en silencio absoluto. Al principio la gente parecía sorprendida, luego dubitativa y de repente todos se desplazaron hacia el frente. Ciento cincuenta ministros impusieron sus manos sobre mí y me ordenaron. Después del culto, ninguno de nosotros sabía cómo reaccionar o cómo explicar lo que acababa de ocurrir.

Pero yo sabía lo que había ocurrido. Jesús estaba en el edificio. Creo que Jesús estaba cansado de mis quejas, estaba cansado de oírme cuestionar mi llamado, de modo que decidió hacerme callar para bien de todos. Yo lo veía sonreír.

«Bueno, ¿estás contento? Ahora estás ordenado, así que cállate de una vez por todas». Por supuesto, volví a mi iglesia y les dije que tenía buenas noticias y malas noticias. Ahora estaba ordenado, pero íbamos a cambiar el día de reunión a los sábados.

Jesús puede redimir nuestro pasado, no importa qué clase de pasado traigamos con nosotros: fracaso, errores, malas decisiones, inmadurez e incluso un pasado del que otros fueron responsables.

La libertad del presente

No todos han escogido su pasado. Demasiadas personas llevan las cicatrices del abuso físico, mental o psicológico, despertándose cada día con el acecho de recuerdos de épocas en las que les hicieron cosas en contra de su voluntad. Y ahora se encuentran desesperanzadamente atrapadas entre enfrentar su pasado y huir de él. Una triste realidad de la vida moderna es el número cada vez mayor de personas víctimas de abusos en el pasado, los cuales las han convencido de su falta de dignidad.

Con frecuencia, son los que han sido víctimas de abuso los que han decidido que no están cualificados para la posibilidad de la gracia de Dios. Los que han sufrido abuso se ven a sí mismos como dañados sin posibilidad de reparación, como mercancías sucias que no se pueden limpiar, como prisioneros que no pueden ser liberados.

Una vez, el evangelista Rich Wilkerson llevó a cabo una campaña en el estado de Washington. Cientos pasaron al frente esa noche, demasiados para que Rich los pudiera atender individualmente. Unas pocas semanas más tarde, recibió una carta de una joven estudiante:

Querido Sr. Wilkerson:

Hace varias semanas asistí a su campaña de Seattle. Es mi primer año de estudios después de la secundaria, y un grupo de amigas me invitaron a ir a su campaña. Yo acepté a regañadientes, pero estaba desesperada. Los cuatros años anteriores al presente habían sido los peores de mi vida y yo estaba dispuesta a probar cualquier cosa que pudiera ayudarme. Mi pesadilla comenzó cuando cumplí catorce años. Ese fue el año en que mi tío se mudó a mi casa. Al poco tiempo de llegar, comenzó a meterse en mi habitación y a abusar sexualmente de mí. Me amenazó con hacerme daño si le decía algo a alguien, así que soporté el abuso sin decir nada, esperando ansiosamente mi primer año de universidad para poder irme de mi casa.

Cuando empecé en la universidad, yo era una ruina. Este primer año fue un desastre. Me acosté con todo el que me lo pidió, casi todas las noches bebí y me drogué para olvidarme, pero continué despertándome con pesadillas. Cuando llegué a su campaña, estaba por quebrarme y cuando usted nos pidió que pasáramos al frente para recibir a Jesús, yo fui casi corriendo.

Durante las cinco horas de regreso a casa me quedé dormida. Soñé que estaba dormida en mi habitación de la universidad y que mi tío me despertó otra vez. Quería dar alaridos pidiendo ayuda o salir de mi cama y correr, pero no pude hacer ni lo uno ni lo otro. Él continuaba pidiéndome que me acercara a él, y yo no me pude resistir. Sentí sucumbir acercándome a él una vez más, cuando de repente la puerta de la habitación de mi dormitorio se abrió nuevamente. Era Jesús con los brazos abiertos de par en par, que me hacía señas para que fuera hacia él. Salté de mi cama y corrí hacia los brazos de Jesús pasando por delante de mi tío. Me desperté en el automóvil con todas mis amigas mirándome, debido a que estaba llorando y diciendo en voz alta: «¡Soy libre! ¡Soy libre! ¡Soy realmente libre!».[2]

Una joven estudiante con un pasado se encuentra con el Jesús del presente. Al igual que con la mujer junto al pozo, nada había cambiado y todo había cambiado. El abuso todavía era parte de su pasado, pero ahora la esperanza era parte de su presente. Me la imagino diciéndoles a sus amigos: «Vengan a ver al hombre que me liberó de mi pasado». Por muy desordenado que había sido el pasado de esta mujer, así de libre era ahora para buscar la vida espiritual.

5

UN DISCIPULADO RARO

La consecuencia de una espiritualidad ladeada

La vocación no significa una meta que persigo. Significa un llamado que oigo. Antes de decirle a mi vida lo que quiero hacer con ella, tengo que escuchar a mi vida decirme quién soy.

PARKER PALMER, *LET YOUR LIFE SPEAK*

Cuando los artistas descubren, siendo niños, que tienen respuestas inapropiadas para lo que ocurre a su alrededor, también descubren, a medida que aprenden a confiar en esas respuestas, que estas rarezas son lo que constituye el valor que ellos tienen para los demás.

KATHLEEN NORRIS, *THE CLOISTER WALK*

Él se sacó las notas más altas y reprobó su vida.

WALTER PERCY

No va a ser fácil escuchar el llamado de Dios. Tu inseguridad, las dudas sobre tu persona y tu gran necesidad de afirmación hacen que pierdas confianza en tu voz interior y que escapes de ti mismo. Pero tú sabes que Dios te habla a través de tu voz interior, y que tú encontrarás gozo y paz solamente si la sigues.

HENRI NOUWEN, *THE INNER VOICE OF LOVE*

Una de mis historias favoritas es la de un chico llamado Norman, en el libro de Robert Fulghum titulado *Uh-Oh*.

¿Se acuerdan cuando en la escuela primaria la maestra anunciaba la obra de teatro de la primavera? Todos los alumnos levantaban rápido las manos ofreciéndose a ser uno de los personajes. Por supuesto, los personajes más importantes se distribuían primero. En el libro de Fulghum, la maestra de Norman anunció la obra de teatro para el año: *Cenicienta*. Se desató un caos mientras un mar de manos se movía vehementemente tratando de conseguir la atención de la maestra. «¡Yo quiero ser Cenicienta!», gritaban todas las niñas. «¡Yo quiero ser el apuesto príncipe!», decían a voz en cuello los niños. Dándose cuenta de que no todos podían tener el mismo papel, los alumnos pasaron a irrumpir pidiendo otros papeles. «¡Yo quiero ser la madrastra malvada!». «¡Yo quiero ser la hermanastra fea!». De alguna manera, la maestra pudo atender todas las peticiones, y en poco tiempo a cada uno se le asignó un papel.

Excepto a Norman. Norman era un niño tranquilo, que no hablaba mucho en clase. No era ni tímido ni vergonzoso; simplemente que no le gustaba hablar la mayor parte del tiempo. Hablar acerca de nada era una pérdida de tiempo para Norman; solo hablaba cuando tenía algo para decir. Norman tenía pensamientos propios y se sentía muy cómodo siendo meramente quien era.

Preocupada porque ya no quedaban personajes (aun cuando ella había inventado muchos papeles extras) y conociendo muy bien a Norman, la maestra dijo: «Norman, me temo que ya se han repartido todos los papeles más importantes de *Cenicienta*. Estoy segura de que podemos encontrar uno extra para ti. ¿Qué personaje te gustaría ser?».

Norman no dudó. «Me gustaría ser el cerdo», declaró.

«¿El cerdo?», preguntó perpleja la maestra. «Pero no hay ningún cerdo en *Cenicienta*».

Norman sonrió y dijo: «Ahora hay uno».

Norman diseñó su propio disfraz. Usó un vasito de papel como nariz y una ropa interior larga de color rosa con un cepillo para limpiar cañerías como cola. El cerdo creado por Norman seguía a Cenicienta a donde ella fuera y se transformó en un espejo de la acción sobre el escenario. Si Cenicienta estaba feliz, el cerdo estaba feliz; si Cenicienta estaba triste, el cerdo estaba triste. Con solo mirar a Norman se podía conocer la emoción del momento. Al final de la obra, el atractivo príncipe colocó el zapatito de cristal en el pie de Cenicienta y la pareja se abrazó y se fueron corriendo felices juntos. En ese momento, Norman enloqueció de gozo, bailaba por todas partes sobre las patas traseras y rompió el silencio ladrando. Durante los ensayos, la maestra había tratado de explicarle a Norman que aunque había un cerdo en Cenicienta, los cerdos no ladran. Pero tal y como ella se imaginó, Norman explicó que *este* cerdo ladraba. Y ella tuvo que reconocer que el ladrido *estuvo* bien hecho. La presentación en la conferencia de maestros fue un éxito rotundo. Cuando se levantó el telón, ¿adivinan quién recibió una ovación de pie? Por supuesto, Norman, el cerdo que ladra. Después de todo, él fue la *verdadera* historia de Cenicienta.[1]

Lo que me gusta de la historia es la terquedad de Norman. Impávido ante la intimidación, resistente a los límites del libreto, Norman se negó a creer que no tuviera un lugar. En vez de permitir que el libreto lo limitara, Norman encontró una manera de mejorar el libreto, de llenarlo de vida y de risa y de sorpresas.

Norman era muy parecido a Jesús. Los líderes religiosos de sus días habían escrito el libreto para el Mesías. Cuando Jesús anunció que *él* era el Mesías, los fariseos y otros le gritaron: «No hay ningún Jesús en el libreto del Mesías. Los Mesías no andan con perdedores. Nuestro Mesías no rompe las reglas. Nuestro Mesías no cuestiona nuestro liderazgo, no amenaza nuestra religión, ni actúa tan irresponsablemente. Nuestro Mesías no deja de lado su reputación, no se hace amigo del populacho, ni frecuenta las guaridas de gente cuestionable».

¿Qué replicó Jesús? «¡*Este* Mesías sí lo hace!».

¿Ven por qué el cristianismo es llamado «buenas nuevas»? El cristianismo proclama ser una fe de oportunidades iguales, abierta para todos. Y esto a pesar de que en la iglesia abundan libretos que están más que ansiosos por anunciar: «No hay lugar para ti dentro del cristianismo, si es que [usas aritos/tienes tatuajes/ bebes vino/tienes demasiadas preguntas/ tienes un aspecto raro/fumas/bailas/ no has sido lleno del Espíritu/no estás bautizado/dices malas palabras/tienes cabello rosa/estás en el grupo étnico equivocado/tienes un anillo en la nariz/has abortado/eres homosexual o lesbiana/eres demasiado conservador o demasiado liberal]».

Jesús creía que los mesías encuentran lugares para los que no tienen *ningún* lugar. Como resultado, invitó a todos los Norman que pudo encontrar, desde hombres de negocio mezquinos, terroristas, trabajadores del puerto, recaudadores de impuestos que abusaban en sus recaudaciones, psicópatas y marginados, locos sin esperanza, hasta la élite social exitosa, rica y con demasiados privilegios. El cristianismo de Jesús se tornó en el «hacedor de lugar» para los que no tenían ningún lugar.

El don de ser raros

Lo que caracteriza al cristianismo en el mundo moderno es su rareza. El cristianismo es el hogar para la gente que está fuera de contexto, fuera de moda, no convencional y contracultural. En palabras de Pablo, para los «extraños y extranjeros».

Las iglesias no son catedrales brillantes llenas exclusivamente de Cenicientas hermosas. Las iglesias son ruidosas, son manicomios alegres llenos de cerdos que gritan, danzan y ladran, yendo detrás de la Cenicienta *real* donde quiera que vaya. Las iglesias no solo inspiran sobrecogimiento; inspiran *extrañeza*, atrayendo a una variedad terrenal de seguidores de Jesús. Los vitrales son extraordinarios, pero también están cubiertos de impresiones digitales comunes. La tierra de los campos está esparcida sobre los brillantes pisos de mármol del santuario. En el aire de toda la catedral de Cristo está el aroma celestial del incienso mezclado con la sucia fragancia de discípulos desordenados sudorosos y comunes.

Yo pastoreo la iglesia que crece más lentamente en Norteamérica. Comenzamos hace doce años con noventa miembros y hemos decrecido a treinta. Estamos tan lejos como se puedan imaginar de ser una iglesia *de-fácil-manejo*, no porque nuestra congregación no sea amigable, sino porque nuestros cultos son poco predecibles, poco pulidos e incoherentes. Somos una iglesia «extrañamente amigable», que atrae a seguidores de Jesús únicos y diferentes, los cuales hacen que todos los cultos sean una sorpresa.

Un domingo por la mañana, uno de nuestros fieles se olvidó de que tenía que leer las Escrituras. Cuando llegó el momento de la lectura, se hizo un silencio largo y torpe. Consciente de que algo no andaba bien, la mujer levantó la vista y se dio cuenta de que todos la estaban mirando. Al recibir el impacto de su lapso de memoria, soltó abruptamente una palabra muy... «colorida». Siguió otro silencio largo, y luego comenzó la risa. Fue el llamado a la lectura del evangelio más raro que yo he experimentado. La mujer se sintió avergonzada, se disculpó y a continuación leyó las Escrituras. Ciertamente, yo no estoy condonando el uso de malas palabras en la iglesia, pero *fue* un accidente, *fue* gracioso y tenemos que reconocer que leyó las Escrituras con una humildad y un vigor que nuestra iglesia no había visto en años.

Tales hechos no son raros en nuestra iglesia, debido a que nosotros nos negamos a editar lo raro y lo incompetente de nuestros cultos. Nosotros creemos que lo raro es importante. Queremos que nuestros cultos estén llenos de errores y de sorpresas, porque la vida está llena de errores y de sorpresas.

Un domingo por la mañana, durante las peticiones, una mujer miembro de la iglesia comenzó a describir el estado crítico de la enfermedad de su padre. Dado que ella estaba muy cercana a su padre, su petición se vio interrumpida con frecuencia por lágrimas. Los que la rodeaban le ponían una mano en el hombro o asentían con tristeza. A algunos se les llenaron los ojos de lágrimas. La mujer terminó con su petición lo mejor que pudo. En la primera fila estaba sentada Sadie. Sadie se puso de pie y caminó por el pasillo hacia atrás, hasta que encontró a la mujer, que estaba sentada en el medio de la fila. Pasó sobre los pies de otras personas sentadas allí, llegó donde estaba la mujer, se arrodilló, puso la cabeza sobre el regazo de la mujer y se puso a llorar junto con ella. Sadie molestó a toda una fila de personas, les pisó sus zapatos y los forzó para que le hicieran lugar, pero ninguno de nosotros jamás se olvidará de ese momento. Sadie *todavía* nos está enseñando al resto de nosotros cómo es la rara compasión de la iglesia de Cristo.

Raro en oposición a igual

Alguien dijo alguna vez: «Conocerán la verdad y la verdad los hará raros». Quien haya hecho esa declaración entendió lo que significa ser seguidor de Cristo. Los seguidores de Cristo son raros. La rareza es importante, porque es la cualidad que agrega color, textura, variedad y belleza a la condición humana. Cristo no hace que seamos iguales. Lo que hace es *afirmar nuestras diferencias*. Ser raros es importante, porque lo más peligroso en la cultura occidental es la condición de ser *iguales*. Este es un virus que infecta a los integrantes de naciones industrializadas y les causa una reacción alérgica en contra de cualquiera que sea diferente. Este virus afecta la parte de nuestros cerebros que toma las decisiones, lo cual resulta en una obsesión por elegir de manera idéntica a todos los demás.

La condición de ser iguales es una enfermedad con consecuencias desastrosas: se ignoran las diferencias, no se escucha lo que es único, se suprimen nuestros dones. Se apagan la vida, la pasión y el gozo. Ser iguales es el resultado del pecado, y lo que provoca es mucho más que infectarnos con lujuria y voracidad. Lo que hace es adular a la raza humana, nos da franquicias, intenta hacernos a todos homogéneos. La igualdad es el cementerio donde se entierra nuestro carácter distintivo. En un mar de igualdad, nadie tiene identidad. Pero los cristianos sí tenemos identidad. ¡Somos alienígenas! Somos los raros, los extraños, los inadaptados, los de afuera, los incompatibles. La rareza es un don que viene de Dios, y que está dormido hasta que el Espíritu de Dios le da vida y forma. La rareza es la consecuencia de seguir al que nos hizo únicos, diferentes y *¡a su imagen!*

En el libro de C. S. Lewis titulado *El león, la bruja y el ropero*, la bruja blanca ha convertido en piedra a muchos de los habitantes de Narnia. Pero Aslan, el tipo de Cristo, se mete de un salto en el cementerio de piedra, agazapándose sobre las estatuas e insuflando en ellas.

El cementerio ya no parecía un museo; más parecía un zoológico. Había criaturas corriendo detrás de Aslan y danzando alrededor de él hasta que casi quedó oculto entre la multitud. En lugar de aquel blanco mortecino, el cementerio era ahora una llama de colores: los costados de lustroso color almendra de los centauros, los cuernos color índigo de los unicornios, el plumaje brillante de los pájaros, el marrón rojizo de zorros, perros y sátiros, las medias amarillas y las capuchas color carmín de los gnomos; y el plateado de los abedules vivientes y el verde fresco y transparente de las hayas vivientes y el verde brillante, casi amarillo, de los alerces vivientes. Y en lugar del silencio de muerte, todo el ambiente vibraba con el sonido de alegres rugidos, rebuznos, aullidos, ladridos, chillidos, arrullos, relinchos, patadas, gritos, hurras, canciones y risas.[2] (Traducido por Norma Calafate de Deiros.)

El resumen que hace Lewis de lo que está ocurriendo en Narnia es una brillante descripción de lo que debería ser la iglesia: «El cementerio ya no parecía más un museo; más parecía un zoológico». Son la incongruencia y la rareza de nuestra espiritualidad descoyuntada lo que deberían caracterizar a todas las iglesias. Porque de tal manera amó Dios al mundo, que todo aquel que en él cree, desde ese punto en adelante, será considerado raro por el resto del mundo, lo que significa que la iglesia debería ser más parecida a un zoológico que a una tumba de momias idénticas.

Desequilibrados

El equilibrio es un valor preciado en la sociedad moderna. Equilibrio significa que cada negativo es copiado por un positivo igual pero opuesto. El equilibrio es una condición de neutralidad en la cual el medio es considerado como deseable y saludable. Cuando a una persona se la describe como equilibrada, esto se considera un cumplido, el cual implica que la persona está bien adaptada, es sensata y estable. La palabra equilibrada describe a una persona que modera todos los aspectos de su vida (físicos, mentales, sociales y espirituales), y que ha encontrado la mezcla perfecta para todos esos atributos. El equilibrio *suena* como una característica de la fe cristiana, como una meta que hay que buscar o como una cualidad digna de ser cultivada. El equilibrio *suena* como un ideal digno, como una descripción perfecta de un seguidor de Cristo saludable.

Tengan cuidado con el equilibrio.

El equilibrio es una característica peligrosa e ilusoria, y hace las veces de un tentador. Disfrazado de normal y sensato, es silenciosamente destructivo, aplastando el desequilibrio de los dones, domando los extremos de la pasión, apagando el fuego ardiente de una relación genuina con Jesús. El Señor fue constantemente criticado por ser desequilibrado. Piensen en esto: Jesús pudo haber sanado seis días a la semana y no haber incomodado a nadie. La gente habría resultado tan sanada el segundo día como lo fue el Sabbath. Jesús pudo haberse sentado con los líderes del templo y haber discutido tranquilamente su razonamiento teológico para no permitir que el lugar de adoración se transformara en un carnaval del comercio. En cambio, entró como un loco con un látigo y volcó las mesas, gritando y dando alaridos y creando un caos. Ciertamente podría haber sido más equilibrado.

En el Evangelio de Mateo, Jesús advierte lo que ocurre cuando uno decide ser su discípulo.[3] Su descripción del discipulado es virtualmente un *manual* sobre la falta de equilibrio. El discipulado crea tensión en las familias, puede acarrear una ruina financiera o destruir reputaciones. Algunas veces hace enemigos en lugar de amigos, nómadas en lugar de ciudadanos estables. Jesús advirtió que el testimonio de nuestra fe crearía la percepción de que somos gente desequilibrada, inestable y temible como para estar con ella.

Piensen cuántos de nosotros nos hemos preguntado por qué no encajamos, por qué nuestra fe no nos estabiliza, por qué parecemos estar tan fuera de tono con el mundo. La fe genuina es la fuerza que causa aislamiento en nuestras vidas, que crea tensión dondequiera que vamos. Para decirlo de otra manera, la fe es la fuerza desequilibrante en nuestras vidas, es decir, el fruto de la presencia perturbadora de Dios.

Un domingo por la mañana en nuestra iglesia, el pastor (ese sería yo) y coordinador de la Cena del Señor se olvidó que había Cena del Señor en esa ocasión. A la mitad del sermón, la mujer que era responsable de la mesa de la comunión se acordó. Me miró con pánico, miró alrededor, tratando de pensar qué podía hacer, luego se puso de pie, abandonó el salón de reuniones y desapareció rumbo a la cocina. Unos pocos minutos después, volvió a aparecer con el pan y con el vino, puso la mesa delante de mí (yo todavía estaba tratando de predicar), y se sentó. Finalmente, terminé el sermón y continué con la Cena del Señor. Comencé con las palabras referidas al partimiento del pan: «La noche en que Jesús fue entregado tomó pan...». En ese momento bajé las manos y descubrí el pan. Y allí a la vista de todos estaba el pan de la comunión... *¡panecillos para perritos calientes!*

La mujer encargada de la comunión no tuvo temor de reconocer que se había olvidado de la Cena del Señor, no le preocupó interrumpir el culto y más que todo eso, no quería posponer la comunión otra semana. A ella *le encanta* la Cena del Señor, así que improvisó todo, valiéndose de las magras provisiones de la cocina. Su amor por Cristo la llevó a arriesgarse a ser considerada molesta, para que pudiéramos celebrar aquello de lo que *realmente* se trata la iglesia: el cuerpo y la sangre de Jesús. Por supuesto, ella nos proveyó el culto de comunión más raro que hayamos experimentado jamás, además de un recuerdo que ninguno de nosotros va a olvidar. Esto es lo que ocurre cuando permitimos que la gente exprese su carácter único. Abundan los recuerdos cálidos y las sorpresas divinas.

Hace unos cuantos años, un grupo de nuestra iglesia, integrado por adultos y alumnos de secundaria, viajó a México para construir casas. La mayoría de las compañías que alquilan vehículos para mudanzas no permiten llevar los vehículos a México, porque los roban con facilidad. Pero la compañía local que alquilaba esos vehículos nos permitió llevarlos a México. Confió en nosotros. Después de todo, íbamos a construir casas para Jesús. Llenamos nuestro camión con ropa, materiales de construcción, carpas, comida y herramientas.

Una vez que cruzamos la frontera y entramos en México, nos dirigimos hacia la autopista federal de peaje, que une Tijuana con Ensenada. Después de pagar el peaje, notamos la presencia de la policía federal estacionada al costado de la ruta. Al pasar, tres jóvenes de aspecto rudo, cada uno portando una ametralladora, nos hicieron señas para que nos detuviéramos. Los tres policías se dirigieron hacia nuestro vehículo y me pidieron que saliera de la cabina. De pie delante de ellos, yo no podía creer lo grande y amenazadoras que parecían esas ametralladoras. El policía que había en medio habló en español. Uno de los miembros del grupo tradujo su corto discurso: «Nos vamos a llevar el vehículo. Por favor salgan del camino». Le rogamos a ese oficial de la policía que no confiscaran el camión, explicando que íbamos a construir casas para los pobres y que lo estábamos haciendo para Jesús. Cuanto más hablábamos, más enojado y demandante se volvía el policía.

De repente, uno de los estudiantes de secundaria, un joven de dieciséis años, un chileno de un programa de intercambio, interrumpió la conversación. Con amabilidad, pero con firmeza, yo hice que el muchacho se hiciera a un lado y le expliqué la seriedad de la situación. «Mira», le dije, «ya sé que quieres ayudar, pero estos soldados están enojados y esas ametralladoras parecen bastante convincentes».

«Yo he visto muchas ametralladoras en nuestro país», replicó confiadamente, sin perturbarse por mi advertencia. Antes de que pudiera detenerlo, agarró el contrato de alquiler, se acercó a los hombres y comenzó a gritarle al oficial que estaba en el medio, moviendo las manos y señalando frenéticamente hacia el contrato. Luego literalmente puso su dedo sobre el pecho del oficial.

Yo pensé: *Aquí se termina todo; vamos todos presos a una cárcel mexicana.*

Pero cuanto más gritaba el muchacho, más manso parecía el guardia federal, hasta que, con exasperación, paró al muchacho con un fuerte: «¡Vamos!».

Inmediatamente, el joven se volvió hacia mí y me dijo: «Sube al camión. Vámonos de aquí antes de que cambie de opinión». Saltamos dentro y salimos en una nube de polvo.

Mientras huíamos de la escena, le pregunté a este joven estudiante de intercambio qué le había dicho al oficial para hacerlo cambiar de opinión.

«Señalé el contrato y le dije que decía que el vehículo era legal en México y que iba a meterse en problemas grandes si lo perdíamos», respondió alegremente.

«Pero el contrato no dice eso», objeté.

«Ya lo sé, ¡pero el policía no sabe inglés!», me dijo.

Ahora, el joven chileno no actuó de manera muy espiritual. ¡Mintió![4] Su espiritualidad no parecía muy espiritual. Nuestra búsqueda de espiritualidad no siempre es linda e higiénica. Con frecuencia se torna desordenada, terminando más afuera de las líneas de lo que pensamos.

A Dios le gusta la gente rara

Es difícil ser raro en una cultura en la que todo es lo mismo. La sociedad no es amable con lo raro, lo extraño, lo diferente, lo roto y lo marginal. Pero Jesús sí. La cultura sofisticada no gusta de los alienígenas y los rechaza. Pero Jesús gusta de nosotros. La mayoría de las personas no elegirían a la gente rara, pero Jesús nos elige a nosotros.

Me pregunto cuántos de nosotros nos hemos alejado de Jesús, hemos abandonado toda esperanza de vida espiritual porque no encajamos, porque no somos como todos los demás, porque nuestro cristianismo parece muy diferente y muy raro con respecto al del resto de la iglesia. Me pregunto si nos damos cuenta de lo ansioso que está Jesús por alcanzarnos y caminar del brazo con nosotros.

En su maravilloso libro titulado *Letters to My Children*, Daniel Taylor describe una experiencia que tuvo en sexto grado. Periódicamente, a los alumnos se les enseñaba a bailar. Gracias a Dios, esto no se hace más, pero en ese momento la maestra formaba una fila de varones a la puerta del aula, para que eligieran a sus compañeras. Imaginen lo que sería estar en el lugar de las niñas esperando a ser elegidas, preguntándose si es que serían elegidas, o preguntándose si es que serían elegidas por alguien que no les gustaba. A una niña, Mary, siempre la elegían en último lugar. Debido a una enfermedad de la infancia, uno de sus brazos estaba encogido y tenía un problema en una pierna. No era bonita, no era lista y era... bueno... gorda. Resulta que la maestra asistente de la clase de Dan concurría a la misma iglesia que él. Un día, lo llevó aparte del resto y le dijo: «Dan, la próxima vez que bailemos, quiero que elijas a Mary». Dan no lo podía creer. ¿Por qué elegir a Mary cuando allí estaba Linda, Shelley o incluso Doreen? La maestra de Dan le dijo que eso es lo que haría Jesús. En lo profundo, él sabía que tenía razón, lo cual no facilitaba la cosa. Lo único que Dan esperaba era ser el último en la línea la vez siguiente. De esa manera, él podría elegir a Mary, hacer lo correcto y nadie sería más sabio. En cambio, lo que ocurrió fue que Dan fue el primero de la fila.

Los rostros de las niñas se volvieron hacia mí, algunos sonriendo. Miré hacia Mary y vi que estaba medio dada vuelta hacia el fondo del salón. (Ella sabía que nadie la elegiría en primer lugar.)... El Sr. Jenkins dijo: «Muy bien, Dan, ¡elige a tu compañera!».

Recuerdo haberme sentido muy lejos. Oí que mi voz decía: «Elijo a Mary».

La virtud de la negación fue recompensada como nunca antes. Todavía veo su rostro de manera nítida en mi memoria. Levantó la cabeza, y en su cara, sonrojada por el placer, la sorpresa y la vergüenza a la vez, tenía la mirada de deleite e incluso de orgullo más genuina que yo haya visto nunca. Era tan pura, que tuve que mirar para otro lado porque yo sabía que no la merecía.

Mary se acercó y tomó mi brazo, tal como se nos había indicado y caminó a mi lado (pierna defectuosa incluida) igual que una princesa...

Mary tiene mi edad ahora. No la he vuelto a ver desde ese año. No sé cómo ha sido su vida ni lo que está haciendo. Pero me gustaría pensar que tiene un recuerdo grato, por lo menos de un día de sexto grado.

Yo sé que sí lo tengo.[5]

No había nada que Mary pudiera hacer. Fue elegida, y fue elegida en *primer* lugar. Yo tengo la sensación de que el cielo entero se puso de pie y todos aplaudieron no solamente a Mary, sino a todos los cerdos que ladran por ahí, que han decidido llamarse cristianos. Y cuando otros dicen: «¡Los cristianos no actúan como tú!». Nosotros respondemos: «Bueno, *ahora sí* lo hacen».

6

CRECIMIENTO NO ESPIRITUAL

«No principios» de un discipulado errático

Querido Dios:
Yo pienso en ti a veces, incluso cuando no estoy orando.
Elliott.

CHILDREN'S LETTERS TO GOD

La iglesia, en términos generales, no lo ha hecho muy bien a la hora de alentar la libertad. Ha pasado tanto tiempo inculcando en nosotros el temor de cometer errores, que nos ha hecho como los estudiantes de piano que aprendieron mal: tocamos nuestras canciones, pero nunca las oímos realmente, porque nuestra mayor preocupación no es hacer música sino evitar algún fracaso que nos haga caer en desgracia.

ROBERT CAPON

El hombre ha partido a una velocidad tremenda... para no ir a ninguna parte.

JACQUES ELLUL, ***THE PRESENCE OF THE KINGDOM***

Una mujer me describió su noche negra. «Es como si Dios hubiera levantado la tapa de una caja de música dentro de una habitación oscura dentro de mí y luego hubiera desaparecido. Es una ocasión hermosa, un sonido nuevo y después de oírlo, no puedo olvidarlo. Soy como un niño pequeño que sale de su cuarto y que anda a tropezones por la casa, a oscuras, en busca del Hacedor de la música».

SUE MONK KIDD, *WHEN THE HEART WAITS*

Yo no creo en el crecimiento espiritual.

Tal vez debería aclarar lo que digo.

Yo no creo en lo que la mayor parte de la gente *entiende* por crecimiento espiritual. El crecimiento espiritual se ha transformado en una industria, en un sistema, en una serie de principios, en fórmulas, en programas de entrenamiento, en programas curriculares, en libros y en grabaciones, que prometen producir madurez y profundidad, si es que se siguen. La mayoría de estos programas están hechos de los mismos ingredientes: oración, estudio de la Biblia, culto y comunidad. ¡Bah! El crecimiento auténtico no ocurre de la noche a la mañana. No puede reducirse a una fórmula (tomen unos versículos, báñenlos con un par de oraciones y llámenme en la mañana).

Es cierto que un régimen de oración, el estudio de la Biblia, el culto y la comunidad pueden contribuir al crecimiento espiritual. Pero esto es como decir que la leche, los vegetales y el pollo contribuyen a mi crecimiento físico. El crecimiento físico y el espiritual no pueden reducirse a una cuestión mecánica. Estoy muy de acuerdo con la mecánica, pero el crecimiento espiritual algo más que un procedimiento. Es una búsqueda desenfrenada de Dios dentro de la enredada jungla de nuestras almas, una búsqueda que implica una mezcla volátil de realidad desordenada, de libertad loca, de estancamiento frustrante, de lentitud en aumento y de una saludable dosis de gratitud.

¿Ahora están listos para hablar acerca del crecimiento espiritual? Se trata de la clase de crecimiento espiritual que comienza con deseo y no con culpa; con pasión y no con principios; con desesperación y no con obligación. ¿Están dispuestos a crecer transitando el camino del fracaso, de la frustración y de la sorpresa?

Comencemos.

En su libro *The Easy Yoke*, Doug Webster narra una historia sobre un joven estudiante idealista, que terminó en un viaje misionero a uno de los complejos de viviendas más peligrosos de Filadelfia. Siendo cristiano recién convertido, este asombrado misionero urbano no tenía la más mínima idea de cómo evangelizar en un barrio de ese tipo. Temeroso y ansioso por compartir su nueva fe, el joven se acercó a uno de los monobloques. Abriéndose paso cautelosamente a través de pasillos oscuros llenos de cosas, subió con cuidado el primer tramo de escaleras que llevaba a un apartamento. Golpeó la puerta, la cual fue abierta por una mujer que tenía en brazos a un bebé desnudo que lloraba a los gritos. Ella estaba fumando y no estaba de humor para oír a un joven estudiante blanco e idealista que le hablaba de Jesús. Comenzó a insultarlo y le cerró la puerta en la cara. El joven se sintió devastado.

Salió a la calle, se sentó en el borde de la acera y lloró. *Mírenme. ¿Cómo podría pensar alguien que una persona como yo podría hablarle a otro sobre Jesús?* Luego recordó que el bebé estaba desnudo y que la mujer estaba fumando. El plan que se estaba armando en su cabeza no parecía terriblemente *espiritual*, pero...

Salió corriendo por la calle rumbo al mercado local y compró una caja de pañales y un paquete de cigarrillos. Cuando volvió a golpear la puerta otra vez, le mostró a la mujer lo que había comprado. Ella dudó un instante y luego lo invitó a entrar. Durante el resto del día él jugó con el bebé y le cambió los pañales (aunque era la primera vez que cambiaba pañales). Cuando la mujer le ofreció un cigarrillo, él fumó (aunque no fumaba). Se pasó el día entero fumando y cambiando pañales. Nunca dijo una palabra acerca de Jesús. Al final de la tarde, la mujer le preguntó por qué estaba haciendo todo eso, y finalmente él pudo decirle todo lo que sabía sobre Jesús. Le llevó alrededor de cinco minutos. Cuando terminó de hablar, la mujer lo miró y le dijo suavemente: «Ora por mí y por mi bebé para que podamos salir vivos de aquí». Y así lo hizo.[1]

Este joven estudiante recibió una lección sobre crecimiento espiritual. En una tarde frustrante aprendió sobre el poder de la sensibilidad, sobre el significado de la evangelización, sobre la desesperanza de los que viven en áreas urbanas. También aprendió que a veces el Espíritu Santo nos pide que violemos nuestras convicciones *por un momento*, a efectos de vivir la fe y no solo hablar de ella. Cuando este joven volvió a su universidad no comenzó a fumar, pero sí comenzó a prestarle oídos a la guía del Espíritu Santo. ¡Qué aprendizaje! ¡Qué experiencia tan productora de crecimiento!

¿Se imaginan ustedes a este joven frente a su congregación, hablando acerca de este programa de evangelización por medio del cigarrillo? Seguramente sería una noche muy interesante. Esto suena parecido a esa ocasión en que Jesús permitió que una mujer desperdiciara un frasco de perfume caro, derramándolo sobre él. Tengo la sensación de que esa noche hubo crecimiento espiritual alrededor de la mesa.

Realidad desordenada

Una ojeada a la carta a los Corintios deja en claro que la vida cristiana no tiene lugar en una atmósfera enrarecida de perfección. Pablo escribió su carta a la iglesia de Corinto para ayudarlos a tener un panorama de lo que significa ser cristianos en la vida cotidiana. Pablo nos da vistazos espectaculares de Jesús tratando de enfrentar los desórdenes que tenían lugar en la iglesia: ¡relaciones incestuosas, querellas legales viciosas, divorcio y separación, adoración de ídolos, egos demasiado inflados, luchas doctrinales internas, celos, promiscuidad sexual y ebriedad durante la Cena del Señor! ¡Y eso que se trataba de una congregación pequeña! El crecimiento espiritual prospera en medio de nuestros problemas y no en su ausencia. El crecimiento espiritual ocurre en las trincheras de la vida, no en el aula.

No crecemos mientras estudiamos la definición de coherencia; crecemos cuando tratamos de ser coherentes en un mundo incoherente. Podemos hablar del amor todo lo que queramos, pero amando a los que no son fáciles de amar es como aprendemos acerca del amor. Jesús le dio a Pedro una excelente enseñanza sobre la traición y la arrogancia, pero Pedro no entendió de qué estaba hablando Jesús *hasta que realmente traicionó a Jesús*. El fracaso de Pedro fue la causa más importante de su comprensión y madurez.

¿Debemos entonces animar a la gente a fracasar para que así crezcan? No. Animamos a la gente a crecer, lo cual significa que va a fracasar. Nos animamos unos a otros a concentrar nuestra mirada en Jesús, pero no somos paranoicos con respecto al fracaso. Pablo mismo dijo: «No es que ya lo haya conseguido todo, o que ya sea perfecto. Sin embargo, sigo adelante esperando alcanzar aquello para lo cual Cristo Jesús me alcanzó a mí. Hermanos, no pienso que yo mismo lo haya logrado ya. Más bien, una cosa hago: olvidando lo que queda atrás y esforzándome por alcanzar lo que está delante, sigo avanzando hacia la meta para ganar el premio que Dios ofrece mediante su llamamiento celestial en Cristo Jesús».[2]

Libertad loca

Libertad en Cristo. ¡Qué concepto tan lindo! Tristemente, la mayoría de los cristianos tienen temor de la libertad. Desde que Jesús anunció: «Y conocerán la verdad, y la verdad los hará libres», hay muchos en la iglesia que han tratado de explicar esa declaración.

«Lo que Jesús quiso decir es que tenemos la libertad de no pecar». Lo cual es cierto. Tenemos la libertad de no pecar. Y también tenemos la libertad de pecar.

La verdad radical de la libertad en Cristo es que yo soy libre para elegir entre lo bueno y lo malo, entre lo correcto y lo incorrecto, entre este camino y aquel camino. Puedo elegir entre correr *hacia* Cristo o correr *apartándome* de Cristo. La libertad en Cristo significa que yo soy libre de la definición de libertad que todos los demás *me* den. Dado que soy libre en Cristo, cuando se trata de mi relación con el Señor, él es el único frente al cual tengo que responder. Debido a que soy libre en Cristo, estoy libre de la preocupación que otras personas tengan en el sentido de que yo no use bien mi libertad. Pablo dijo en 2 Corintios 3.17: «... donde está el Espíritu del Señor, allí hay libertad».

El salmista dijo: «Viviré con toda libertad, porque he buscado tus preceptos». La libertad está claramente relacionada con buscar los preceptos de Dios, lo cual significa que los que procuran seguir los mandamientos de Dios tienen la libertad de andar por los amplios espacios de su amor.

La palabra de Dios deja claro que él nos confía su libertad, aun cuando pueda ser mal usada, aun cuando él sabe que podemos no estar en condiciones de manejarla. Lo único que puede hacer es dejarnos sus palabras, sus preceptos y luego permitir que nos imaginemos cómo actuaría en el contexto de nuestras vidas una persona espiritual.

Estancamiento frustrante

Me gustaría agregar dos expresiones a nuestro vocabulario de crecimiento espiritual: *estancado* y *no estancado*. La mayoría de los cristianos considera que estar estancados es una señal de fracaso o de agotamiento, una indicación de que una persona no está trabajando lo suficiente sobre su vida espiritual. Estar estancados quiere decir obtener un aplazo en el boletín de calificaciones de nuestra vida espiritual. La presunción oculta es: «Si estás estancado en tu vida espiritual, hay algo que no estás haciendo bien, ya que los cristianos dedicados *nunca* deberían estar estancados».

No hay nada tan poco cierto.

En realidad, *estar estancado es un prerrequisito para no estar estancado.*

Estancarse es un gran momento, un requerimiento, un llamado desde adentro, la gloriosa música de nuestro desafecto y de nuestra insatisfacción con nuestro lugar en la vida. Nos estancamos cuando queremos cambiar y no podemos, cuando queremos terminar con una conducta destructiva pero no lo hacemos, cuando el tironeo de la soga entre la voluntad de Dios y la nuestra se queda quieto y no nos podemos mover. Estamos estancados y no vamos a ninguna parte, no podemos avanzar más allá de un punto.

Estancarnos puede ser lo mejor que nos ocurra, porque nos obliga a detenernos. Pone freno al ímpetu de nuestras vidas. No tenemos otra opción que mirar lo que está a nuestro alrededor y terminamos buscando a Jesús. Cuando estamos estancados es más probable que prestemos atención al hambre de Dios que tenemos y a los anhelos y deseos intensos que hemos sofocado. Algunas veces estar estancados es tocar fondo y decir: «Muy bien, me rindo». No podemos crecer sin primero rendirnos y entregarnos. Estancarnos nos fuerza a ver la futilidad de nuestra situación y a poner la vida en perspectiva, de modo que podamos continuar.

Un día de verano, el personal de nuestra compañía estaba convocado para participar en un curso sobre sogas. Habíamos decidido que necesitábamos una experiencia que uniera a nuestros empleados y nos animara a trabajar como equipo. Estábamos anotados para participar tanto en los cursos iniciales como en los avanzados.

Delante de nosotros se elevaba el Centurión, un desafío de treinta y tres metros. Cada uno de nosotros debía subir unos escalones metálicos de lo más diminutos, que estaban clavados a los costados de un árbol, hasta alcanzar el tablón, una plataforma pequeña hecha con un tablón de un metro ochenta por treinta centímetros de ancho, que tenía un grosor de cinco centímetros. Al pararnos en el extremo del tablón, podíamos mirar treinta y tres metros para abajo, hacia lo que parecía ser un abismo. Más o menos a un metro ochenta de la punta de la tabla había un trapecio. El desafío era saltar desde la tabla y agarrar el trapecio con las dos manos, al igual que lo hacen los que trabajan en circos.

Mi temor por las alturas ha aumentado con los años y por la mañana temprano yo había decidido no intentar el Centurión. Uno de los encargados del curso de sogas se acercó a mí una y otra vez durante el día para desafiarme diciendo: «Vamos, tú puedes hacer el Centurión. Yo te ayudo. Sé que eres capaz de hacerlo». El sol estaba comenzando a ponerse, y quedaban aproximadamente quince minutos para emprender el regreso a casa. El joven miembro del personal persistía: «Vamos. Yo sé que tú eres capaz de hacerlo. Si no lo haces, te vas a arrepentir».

Su persistencia valió la pena; decidí abordar el Centurión. Comencé a ascender lentamente. Me pareció que pasaron horas hasta que llegué arriba, y cuando lo logré, todos abajo parecían hormigas. Yo estaba petrificado. Me senté sobre la tabla, estancado. No me podía mover. Pero cuanto más tiempo estaba sentado sobre la tabla, más tranquilo me volvía, y comencé a cobrar ánimo. Después de por lo menos diez minutos de estancamiento, me puse de pie, caminé con decisión hasta la punta de la tabla, dudé unos segundos y *salté*.

Nunca voy a olvidar el regocijo que sentí cuando mis manos agarraron el trapecio y comencé a columpiarme para un lado y para otro. Me reía descontroladamente y no quería soltarlo. Finalmente lo solté y el que aseguraba la soga me hizo bajar a tierra firme. Había estado estancado todo el día, e incluso después de decidir escalar el Centurión, me quedé estancado sobre la plataforma, con temor de moverme. Pero mi estancamiento me estaba preparando para el salto. Mi mente llevó a cabo una conversación con mis temores y después de una larga discusión, mis temores perdieron. Estuve dispuesto a saltar y lo hice.

No sé si las palabras pueden explicar lo que me ocurrió, pero algo cambió dentro de mí. Mi temor por las alturas disminuyó un poco, pero más importante que eso, otros obstáculos en mi vida, otras decisiones que había estado evitando, de pronto se volvieron menos intimidatorias. Mi día entero de estancamiento había resultado en una nueva confianza, una nueva valentía para enfrentar los temores que habían estado plagándome.

La fe crea su propia clase de estancamiento. El temor, la falta de fe crean dudas. Años atrás escuché una historia extraordinaria. Deseo que haya sido cierta. Un domingo, el pastor de una iglesia de Inglaterra le anunció a su congregación que iba a renunciar porque ya no creía en el cristianismo. Sacudida al principio, la congregación recuperó luego su compostura y los ancianos le pidieron al pastor que se reuniera con la congregación después del culto. Todos sabían lo que iba a ocurrir. Se aceptaría su renuncia, se harían arreglos financieros y comenzaría la búsqueda de un nuevo pastor.

Pero eso no es lo que ocurrió. Los ancianos se pusieron de pie delante del pastor y le dijeron: «Señor, entendemos que haya llegado a la dolorosa conclusión de que el cristianismo no es verdadero. Nosotros creemos que *es* verdadero. En realidad, estamos tan convencidos de que es verdadero que queremos que usted siga siendo nuestro pastor. Queremos que todos los domingos usted se pare frente a nosotros y nos predique sus dudas. Está bien. Queremos oírlas, no para argumentar con usted, sino para que este sea un lugar donde uno pueda buscar la verdad con honestidad».

Durante tres años, el pastor predicó sus dudas, y una mañana se paró en el púlpito, con los ojos llenos de lágrimas miró a la congregación y dijo: «He vuelto a encontrar mi fe. Gracias por confiar en el evangelio; ¡gracias por esperar a que yo volviera a encontrar mi fe!».

Este pastor estaba estancado, agotado, perdido, hundiéndose en las arenas movedizas de la duda, y su iglesia *¡reconoció su estancamiento!* Su congregación reconoció que estar estancado era un punto de detención necesario, en el cual él podía volver a recomponerse, recobrar su fuerza y continuar. Una congregación extraordinaria formada por gente ordinaria entendió la necesidad que su pastor tenía de luchar con la verdad. En lugar de hablar acerca de la verdad, *confiaron* en la verdad. No tuvieron temor de esperar, ni se impacientaron por los «reveses» que iban a tener que soportar cuando llegaran visitas. Cuando el pastor dubitativo finalmente proclamó la fe que había vuelto a encontrar, en lo profundo de su corazón, debe haberle susurrado a Dios en gratitud: «Jesús ha estado escondido en esta gente durante todo el tiempo».

Lentitud en aumento

Cuando mis hijos eran niños, los encuentros en pistas de atletismo eran parte integrante de cada semana durante la primavera. En un día de primavera particularmente cálido, asistí a uno de estos encuentros para alumnos de sexto a octavo grado y llegué a mitad de la carrera de 1500 metros de varones. Durante la última vuelta de la carrera, el público se puso de pie, alentando a dos niños que corrían parejos durante los cincuenta metros finales. A poca distancia detrás de ellos corría un grupo de alrededor de cuatro o cinco niños luchando por el tercer puesto. La multitud rompió en aplausos por los que llegaron en primero y en segundo lugar y luego decreció en entusiasmo por los que luchaban por el tercer lugar.

De repente, otro corredor captó mi atención. Cuando miré hacia la pista, pude ver que venía un niño mucho más atrás que los demás. *Pobre chico.* El corpulento niño de séptimo grado luchaba por respirar, su rostro estaba rojo y sudado, la arteria principal de su cuello estaba hinchada y latía para suplementar oxígeno a sus despojados músculos. Repentinamente, la mujer que estaba a mi izquierda se adelantó y bajó hasta la valla que daba a la pista. Obviamente era la madre del niño.

Gritó: «Johnny, *¡corre más rápido!*».

Me habría gustado que hubieras visto la incrédula mirada en la cara del niño. Tiene que haber estado pesando: *«¡Mamá! ¡Estoy corriendo lo más rápido que puedo!».*

El crecimiento espiritual no se da por correr más rápido.

Lo que impide que muchos de nosotros crezcamos no es el pecado sino la velocidad.

La mayoría de nosotros somos como Johnny. Estamos yendo lo más rápido que podemos, viviendo una vida a una velocidad que marea, y no encontramos a Dios por ninguna parte. No estamos rechazando a Dios; simplemente no tenemos tiempo para él. Lo hemos perdido en el paisaje turbio mientras vamos corriendo a la iglesia. No luchamos con la Biblia, sino con el reloj. No es que estemos demasiado decadentes; estamos demasiado ocupados. No nos sentimos culpables por el pecado, sino porque no tenemos tiempo para nuestros cónyuges, para nuestros hijos o para Dios. No es pecar demasiado lo que está matando nuestras almas; es nuestro horario lo que nos está aniquilando. La mayoría de nosotros no llega a su casa a la noche tambaleándose por el alcohol. En cambio, llegamos a casa tambaleándonos de cansancio, agotados, exhaustos y desangrados porque vivimos demasiado rápido.

La velocidad no es neutra. La expresión «vida ligera» solía referirse a una vida disipada. Ahora simplemente significa vida rápida, *pero las consecuencias son aun más serias.* Ir corriendo por la vida pone en peligro nuestras relaciones y nuestras almas.

Hay voces que nos rodean, siempre diciéndonos que nos movamos más rápido. Puede ser nuestro jefe, nuestro pastor, nuestros padres, nuestras esposas, nuestros esposos, nuestros políticos o, tristemente, incluso nosotros mismos. De modo que nosotros cumplimos. Aumentamos la velocidad. Vivimos la vida en el carril rápido porque ya no tenemos carriles lentos. *Todos* los carriles son rápidos y la única comodidad que nuestra cultura nos puede ofrecer es más carriles y límites de velocidad más altos. ¿El resultado? Demasiados de nosotros estamos corriendo lo más rápido que podemos, y un número alarmante de nosotros estamos corriendo mucho más rápido de lo que podemos sostener.

La velocidad daña nuestras almas porque vivir rápido consume cada gramo de nuestra energía. La velocidad tiene un ruido ensordecedor que ahoga las voces susurrantes de nuestras almas y deja a Jesús como una manchita que se achica en el espejo retrovisor.

El crecimiento espiritual no consiste en correr más rápido, estar en más reuniones, tener más estudios bíblicos y asistir a más cultos de oración. El crecimiento espiritual ocurre cuando aflojamos nuestra actividad. Si queremos encontrarnos con Jesús, no podemos hacerlo mientras corremos. Si queremos permanecer en la ruta de la fe, tenemos que apretar los frenos, salir del camino hacia un área de descanso y detenernos. El cristianismo no se trata de invitar a Jesús a correr por la vida con nosotros; se trata de darnos cuenta de que Jesús está sentado en la parada de descanso.

Mientras la iglesia les advierte seriamente a los cristianos que tengan cuidado del diablo, el diablo está sentado en medio de la congregación alentando a todos a mantenerse ocupados haciendo «buenas cosas». Acabo de recibir una carta de una pastora, la cual estaba al borde de estrellarse y agotarse. Ella y su familia se habían unido a una iglesia activa, en crecimiento y muy pronto todos se habían ofrecido para ayudar. Pero dos años más tarde, ella se dio cuenta de que todos los miembros de su familia pasaban corriendo unos delante de los otros, con un celo sin freno, para conducir una u otra actividad en la iglesia todas las semanas.

«¡Corran más rápido!», decía a gritos el boletín de la iglesia de esta mujer. Pero la única manera en que ella pudo salvar su alma de la muerte fue bajando la velocidad, lo que significó encontrar un nuevo trabajo.

El pecado no siempre nos lleva a tomar bebidas alcohólicas, sino que con más frecuencia nos conduce al agotamiento. El cansancio es tan debilitante como la borrachera. *Agotamiento* es la jerga para cansancio *interno*, una fatiga de nuestras almas. Jesús vino para perdonar todos nuestros pecados, incluso el pecado de estar atareados. El problema del crecimiento en la iglesia moderna no es la *lentitud* del crecimiento, sino la *velocidad* del crecimiento.

Jesús vino a darnos descanso.

Cuando estamos cansados sabemos que Dios está listo para trabajar en nuestras vidas. Cuando nuestras vidas comienzan a aplastarnos, Dios está presente en ese peso pesado. Resulta que es la fatiga la que está cerca de la piedad, porque cuando nuestras almas están cansadas, podemos oír su voz y de acuerdo a Mateo 11.28, lo que está diciendo es: «Vengan. Descansen».

No obstante, la horrible verdad es que muchos de nosotros *¡no sabemos descansar!*

En realidad, sí sabemos descansar, pero simplemente nos negamos a descansar. Descansar es una decisión que tomamos. Descansar es decidir no hacer nada cuando tenemos mucho que hacer, bajar el ritmo cuando sentimos la presión de ir más rápido, detenernos en lugar de partir. Descansar es prestarle oídos a nuestra fatiga y responderle a nuestro cansancio y no a lo que nos está haciendo cansar. El descanso es lo que ocurre cuando pronunciamos una simple palabra: «¡No!». El descanso es la humillación máxima, porque para descansar debemos reconocer que no somos necesarios, que el mundo puede arreglarse sin nosotros, que la obra de Dios no depende de nosotros. Una vez que entendamos lo innecesarios que somos, solo entonces podremos encontrar las razones correctas para decir que sí. Solo entonces podremos encontrar las razones correctas para decidir *estar* con Jesús en lugar de trabajar para él. Solo entonces tendremos la valentía de dormir una siesta con Jesús.

Cuatro «no principios» del crecimiento espiritual

¿Qué clase de espiritualidad proviene de los ingredientes que acabamos de discutir? La clase desordenada, impredecible, única del seguidor de Cristo común. Pero hay más. Me gustaría darte varios «no principios» importantes del crecimiento, que te garantizan ayudar para entender que no *hay* garantías en la vida espiritual, excepto una: el anhelo por Jesucristo que siempre subyace a todos nuestros deseos.

«No principio» 1: el crecimiento espiritual abarca las decisiones de toda una vida

A todos nos gustaría creer que el crecimiento resulta de

una decisión poderosa, de un compromiso de ahora y para siempre con Dios. Y mientras deberíamos celebrar nuestra decisión inicial de seguir a Cristo, esto es solo el comienzo de nuestro peregrinaje espiritual, y no el final. Es la primera de muchas decisiones, todas ellas importantes y todas productoras de crecimiento.

Cientos y quizás miles de decisiones son las que conforman un crecimiento genuino. Algunas nos acercan a Dios, algunas nos alejan de él, pero todas contribuyen a una relación con Dios más profunda, más rica y con más textura.

Durante mi adolescencia, tomé cientos de decisiones de ser cristiano, de volver a ser cristiano, de rededicar mi vida a Dios, de rededicar mi rededicación, de entrar en un servicio de tiempo completo, de tratar mejor a mis padres, de darle a Dios mis hormonas. Fui sincero en cada una de esas decisiones y aun así tuve éxito en actuar consecuentemente solo durante unos dos o tres días en cada caso. No obstante, esos dos o tres días pusieron el fundamento para la decisión siguiente. No habría podido tomar la decisión siguiente, si no hubiera tomado la anterior. *Estaba creciendo, tomando una decisión por vez.* Sin lugar a dudas, mi crecimiento parecía incoherente: dos pasos para atrás, un paso para adelante, arriba y abajo, adentro y afuera, por encima y por debajo. Pero de todas maneras, yo estaba creciendo.

«No principio» 2: el crecimiento espiritual es diferente en cada uno de nosotros

El crecimiento no puede graficarse como una línea ascendente todo el tiempo, *aunque la mayoría de las personas en la iglesia crea que el crecimiento espiritual debiera parecerse a esto:*

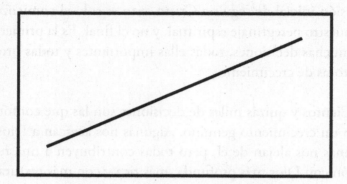

El crecimiento espiritual, el frustrante y difícil intento de encontrar el rastro de Dios en el terreno polvoriento de nuestras vidas, no puede mostrarse tan fácilmente en un gráfico. El verdadero crecimiento se ve diferente en cada uno de nosotros. Si tratamos de hacer un gráfico del crecimiento espiritual verdadero, sería algo parecido a esto:

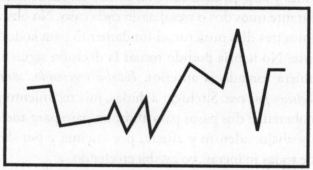

Como ves, va para arriba, para abajo y para los costados, dándole una forma rara, irregular y dentada. El crecimiento genuino sigue tantas formas como personas. Descubrimos las huellas de Dios en el polvo de nuestros negocios, de una manera errática, arbitraria, caprichosa, incoherente, desarticulada e irregular. A pesar de todos los gurús y expertos del crecimiento que hay por allí, no podemos clonar, manipular o sistematizar el crecimiento espiritual. No podemos predecir lo impredecible.

En general, cuando analizamos un gráfico como el primero, hacemos juicios de valor. Los puntos altos representan los momentos buenos o positivos en nuestra relación con Dios, mientras que los puntos bajos representan los momentos malos o negativos. Pero, ¿qué pasaría si elimináramos los juicios de valor de nuestro pensamiento? ¿Qué pasaría si en lugar de bueno o malo, positivo o negativo, alto y bajo, usáramos palabras como descansar, escuchar, esperar, comenzar, regresar, saborear, celebrar, danzar, aprender, crecer?

¿Cómo se alteraría nuestra comprensión de la vida espiritual si usáramos estas otras palabras para describir nuestro crecimiento?

Tal vez esperar sea bueno y no esperar sea malo. Tal vez detenerse tenga un valor más alto que comenzar. Quizás el éxito sea malo y el fracaso sea bueno. De repente, los altibajos del crecimiento espiritual se ven más nítidamente. Algunos de nosotros crecemos rápidamente, algunos lentamente, algunos tanto rápida como lentamente.

«No principio» 3: darle a Dios el sesenta por ciento

Durante años yo creía que era cierto lo que la gente me decía: «O amas a Dios o no lo amas. Estás comprometido o no lo estás. ¡Dale a Dios el cien por ciento!». Esto suena muy espiritual, pero la verdad es que no hay tal cosa como un cien por ciento de compromiso.

ESPIRITUALIDAD SIN HIPOCRESÍA

Yo soy una persona madrugadora, así que me despierto con un nivel de compromiso bastante alto, digamos un setenta y tres por ciento. Luego voy a trabajar y mi nivel de compromiso cae a un cuarenta y cinco por ciento. Me dan un aumento de sueldo y mi compromiso se dispara a un noventa y dos por ciento. Mi esposa y yo discutimos, y baja a un nueve por ciento. Y luego ponen en la televisión *Baywatch*, y subo a un ochenta por ciento otra vez (es broma). Todos los días mi nivel de compromiso tiene altibajos, al igual que un barco en un mar agitado, y mi compromiso en términos generales podría llegar a un promedio de un cincuenta y siete por ciento tomando el día entero. Nosotros *batallamos* por un cien por ciento, *queremos* un cien por ciento (algunas veces), *deseamos* poder dar un cien por ciento, pero la vida no es tan simple.

Durante muchos años, la doctora Lorraine Monroe dio clases a alumnos de secundaria en Harlem. En su clase de inglés avanzado, un año se presentó un estudiante muy brillante quien, hasta ese año, había parecido una gran promesa. Ese año, sus calificaciones repentinamente bajaron y obviamente su desempeño estaba muy por debajo de lo esperado. La doctora Monroe se reunió con el jovencito, lo desafió, lo amenazó, le rogó y le aconsejó. Probó de todo, pero él continuó flotando apenas por encima de la línea del fracaso, en un setenta por ciento. Al final del año escolar, el joven apenas sí pasó. Otra baja de la jungla urbana.

Diez años más tarde, la doctora Monroe se dirigía a pie a su trabajo una mañana, cuando un joven bien vestido se acercó a ella.

«¿Se acuerda de mí?», le preguntó.

«Claro que me acuerdo», le respondió la doctora Monroe. «Tú estuviste en mi clase de inglés avanzado hace muchos años. Te recuerdo porque tenías mucho talento y lo desperdiciaste en mi clase».

«Ya lo sé, Dra. Monroe. Yo sabía que usted creía en mí, aun cuando se decepcionara con mi desempeño. Siempre esperé poder volver a encontrarme con usted otra vez para poder agradecerle que creyera en mí, porque ahora soy uno de los editores de la revista *Time*, y le debo a usted gran parte de mi éxito. Verá usted, Dra. Monroe, mi último año fue un año muy difícil para mi familia. Mi padre estaba en prisión, mi madre era una prostituta, mi hermano mayor estaba vendiendo drogas en mi complejo de vivienda y a mí me dejaron a cargo del cuidado de mi hermana menor y de mi hermano. Dra. Monroe, ¡el setenta por ciento era el cien por ciento de lo que yo podía darle!».[3]

Algunas veces, un compromiso del setenta por ciento es el cien por ciento de todo lo que tenemos para dar. Y Dios está allí, en medio de nuestro «magro» setenta por ciento, reconociendo las semillas de crecimiento en lo que le estamos dando. Dios va a aparecer en cualquier porcentaje que le demos, cosa que nos motiva a darle aun más.

«No principio» 4: el crecimiento a regañadientes sigue siendo crecimiento

No importa cuánto hayamos crecido, todavía necesitamos crecer más. No importa cuán maduros seamos, nunca cesamos de madurar. Y no importa cuán «no espiritual» seamos, en la medida que tengamos el deseo de crecer más, Jesús va a aparecer en la vida incluso del discípulo más desordenado. Tomemos a Daryl, por ejemplo.

Todos los meses, el grupo juvenil de la iglesia River Road visitaba Holcomb Manor, una residencia local de ancianos, para tener cultos con los residentes. A Daryl, un voluntario mal dispuesto del grupo juvenil, no le gustaban los asilos de ancianos. Durante largo tiempo evitó los cultos mensuales. Pero cuando una epidemia dejó al grupo sin personas responsables para esta actividad, Daryl aceptó ayudar con el culto del mes siguiente, en tanto no tuviera que formar parte del programa.

Durante el culto, Daryl se sintió torpe y fuera de lugar. Se recostó sobre la pared trasera, en medio de dos residentes en sillas de ruedas. En cuanto terminó la reunión, y Daryl estaba pensando cómo irse más rápidamente, alguien le tomó la mano. Sorprendido, miró hacia abajo y vio a un hombre muy anciano, frágil y obviamente solo, en una silla de ruedas. ¿Qué otra cosa pudo hacer Daryl más que sostener la mano del anciano? La boca del hombre estaba abierta y su rostro no tenía expresión alguna. Daryl no estaba seguro si este hombre oía o veía algo.

A medida que todos comenzaron a irse, Daryl se dio cuenta de que no quería dejar a ese hombre. Daryl había sido dejado muchas veces durante su propia vida. Sorprendido por tener sus sentimientos en guardia baja, Daryl se inclinó y dijo en voz baja: «Lo... siento, tengo que irme, pero volveré. Lo prometo». Sin previo anuncio, el hombre apretó la mano de Daryl y luego la soltó. Mientras sus ojos se llenaban de lágrimas, Daryl tomó sus cosas y comenzó a irse. De manera inexplicable, se oyó a sí mismo diciéndole al anciano: «Lo amo», y pensó: *¿De dónde vino eso? ¿Qué me pasa?*

Daryl volvió al mes siguiente y al posterior. Cada vez era lo mismo: Daryl se paraba en el fondo, Oliver le agarraba la mano, Daryl decía que se tenía que ir, Oliver le apretaba la mano, y Daryl le decía suavemente: «Lo amo, Sr. Leak». (Por supuesto, se había aprendido su nombre.) A medida que pasaban los meses, alrededor de una semana antes del culto en Holcomb Manor, Daryl se encontraba a sí mismo con ganas de visitar a su anciano amigo.

En la sexta visita de Daryl, el culto comenzó, pero Oliver todavía no había aparecido en su silla de ruedas. Al principio, Daryl no se preocupó mucho, porque con frecuencia les tomaba largo tiempo a las enfermeras llevar a todos en sus sillas. Pero a la mitad de la reunión, Daryl se sintió alarmado. Se acercó a la jefa de enfermeras: «Perdone... Hoy no veo al Sr. Leak aquí. ¿Se encuentra bien?». La enfermera le pidió a Daryl que la siguiera, y lo llevó a la habitación 27.

Oliver estaba en la cama, con los ojos cerrados y respirando con dificultad. A sus cuarenta años, Daryl nunca había visto a alguien muriéndose, pero sabía que Oliver estaba cerca de la muerte. Lentamente, se acercó a la cama y tomó la mano de Oliver. Cuando Oliver no respondió, los ojos de Daryl se llenaron de lágrimas. Sabía que quizás no iba a volver a verlo. Tenía tanto que decirle, pero no le salían las palabras. Se quedó con Oliver alrededor de una hora, y luego el director del grupo de jóvenes interrumpió amablemente para decirle que se iban.

Daryl se puso de pie y apretó la mano del Sr. Leak por última vez. «Lo siento, Oliver, me tengo que ir. Lo amo». Cuando soltó la mano, sintió un apretón. ¡El Sr. Leak había respondido! ¡Había estrechado la mano de Daryl! Ahora las lágrimas no paraban, y Daryl se dirigió a tropezones hacia la puerta, tratando de recuperar su compostura.

Una mujer joven estaba parada en la puerta y Daryl casi la atropella. «Lo siento», dijo. «No te había visto».

«No te preocupes. Estaba esperando para verte», dijo ella. «Soy la nieta de Oliver. ¿Sabes que se está muriendo?».

«Sí, ya lo sé».

«Quería conocerte», dijo ella. «Cuando los médicos dijeron que se estaba muriendo, vine inmediatamente. Siempre hemos tenido una relación muy estrecha. Dijeron que no podía hablar, pero ha estado hablando conmigo. No mucho, pero sé lo que está diciendo. Anoche se despertó. Sus ojos estaban brillantes y alertas. Me miró directamente a los ojos y dijo: "Por favor, dile adiós a Jesús por mí", y se recostó y cerró los ojos.

«Me tomó por sorpresa, y en cuanto recuperé la compostura, le susurré: "Abuelo, no hace falta que le digas adiós a Jesús, porque pronto vas a estar con él y podrás decirle hola"».

«Mi abuelito luchó por abrir los ojos de nuevo. Esta vez su rostro estaba iluminado con una sonrisa traviesa, y dijo con tanta claridad como yo ahora: "Ya lo sé, pero Jesús viene a verme todos los meses y quizá no sepa que me he ido". Cerró los ojos y no ha vuelto a hablar desde entonces».

«Yo le dije a la enfermera lo que había dicho y ella me habló de ti, que vienes todos los meses y tomas la mano de mi abuelito. Quería darte las gracias por él, por mí... y, bueno, nunca pensé que Jesús fuera tan rellenito y pelado como tú, pero me imagino que Jesús está muy feliz de que te hayan confundido con él. Yo sé que mi abuelito sí lo está. Gracias».

Se inclinó y besó a Daryl en la frente.

Oliver Leak falleció en paz a la mañana siguiente.[4]

Si un seguidor mal dispuesto como Daryl puede ser confundido con Jesús, tal vez tú y yo también podamos.

7

GRACIAS PEQUEÑAS

El triunfo de una vida pequeñita

Algo es mejor que nada.

AUTOR DESCONOCIDO

Una sola persona, corriendo libremente por el sur de California, que sea capaz de decir «no», puede causar un avivamiento. No tienes que ser un cristiano tan bueno para hacer otros cristianos. Puedes simplemente ser un cristianito que corre por todas partes diciendo: «No, nosotros no hacemos eso».

WILL WILLIMON, *WITTENBURG DOOR*

Una de las dolencias más insidiosas de nuestro tiempo [es]: la tendencia de la mayoría de nosotros a observar en lugar de actuar, a evitar en lugar de participar, a no hacer en lugar de hacer. Es la tendencia a darnos por vencidos ante lo solapado, ante lo negativo, ante las voces cautelosas que constantemente nos aconsejan que tengamos cuidado, que nos controlemos, que estemos en guardia y que seamos prudentes y dubitativos y cautos en nuestro acercamiento a esta cosa complicada llamada vida.

ARTHUR GORDON, *A TOUCH OF WONDER*

Durante los últimos meses de la Segunda Guerra Mundial, los británicos bombardearon Berlín varias veces. Los bombarderos salían de una franja aérea en Inglaterra y volaban rodeados de aviones de combate más pequeños, cuya tarea era evitar que los aviones de combate alemanes atacaran a los bombarderos, lo cuales eran blancos fáciles.

Una noche, después de un bombardeo exitoso, mientras estaban yendo hacia la seguridad de Inglaterra, los bombarderos fueron atacados por un gran grupo de aviones de combate alemanes. De alguna manera, durante la refriega aérea, un bombardero se encontró volando solo sin ninguna protección, y repentinamente, un avión alemán apareció de la nada. La tripulación del bombardero observaba que el avión alemán se acercaba cada vez más, hasta que finalmente los tuvo a su alcance. Se prepararon para lo peor y vieron con impotencia que el caza comenzó a escupir balas trazadoras. Los proyectiles pasaban silbando cerca de ellos, por encima y por debajo, hasta que *¡Ta!¡Ta!¡Ta!¡Ta!¡Ta!* Cinco balas hicieron impacto en el fuselaje del bombardero, cerca del tanque de combustible. La tripulación se preparó para la explosión, pero no pasó nada. Vieron que había combustible derramándose por los agujeros de las balas, pero no hubo ninguna explosión. Milagrosamente, pudieron volver a su base y bajar del avión a salvo.

Varias horas después de aterrizar, uno de los mecánicos se presentó en las barracas de la tripulación. Había encontrado cinco balas dentro del tanque de combustible, arrugadas pero sin explotar. Se las entregó al piloto. El piloto abrió con cuidado las cápsulas y para sorpresa de la tripulación, vio que no tenían pólvora. Dentro de una de ellas había un trozo de papel pequeñito. Cuando desplegó el papel, encontró una nota que decía: «Somos prisioneros de guerra polacos, forzados a hacer balas en una fábrica. Cuando los guardias no miran, no las rellenamos con pólvora. No es mucho, pero es lo mejor que podemos hacer. Por favor díganles a nuestras familias que estamos vivos».

La nota estaba firmada por cuatro prisioneros de guerra polacos.[1]

Cinco pequeñas balas, de entre millones y millones de balas fabricadas durante la guerra, marcaron la diferencia para los miembros de la tripulación de un bombardero británico.

El poder de lo bueno se encuentra en lo pequeño. Desde el principio, Dios ha elegido lo pequeño por sobre lo grande: David a Goliat, Gedeón y sus trescientos soldados a miles de madianitas, Elías a los profetas de Baal, una oveja a las noventa y nueve. La espiritualidad tiene que ver con hacer los trabajos diminutos de Dios, las pequeñas acciones, las respuestas insignificantes a la presencia de Dios en nuestras vidas. Todas las semanas mi iglesia me muestra actos heroicos hechos por personas comunes que nunca serán reconocidas.

Debido a que hemos oído las historias bíblicas una y otra vez, hemos exagerado el tamaño del ministerio pequeño que Jesús tuvo en realidad. Sí, estaban las multitudes, pero incluso cuando estaban las multitudes, él trató de evitarlas, de escapar de ellas, de marcharse de ellas. Jesús estuvo andando por allí durante tres años, y realmente no hizo demasiado. Anduvo con algunos pocos tipos, curó a un leproso o dos y a un par de personas paralíticas y a un tipo ciego. Hizo algo de vino, ayudó a tres o cuatro mujeres, resucitó a una persona de los muertos, calmó a uno o dos locos, hizo una escena en el templo, y luego desapareció.

Piensen en lo que habría logrado Jesús si se hubiera quedado en la tierra veinte, treinta o cincuenta años más. ¡Piensen en qué podría haber hecho con toda la tecnología que hoy tenemos a disposición!

No. Jesús estuvo presente solo un poco de tiempo, hizo unos cuantos milagros pequeños, dijo unas cuantas palabras sorprendentes y se fue.

Pero sus acciones, pocas y pequeñas, cambiaron al mundo para siempre. Lo diminuto se convierte en algo enorme cuando Jesús está involucrado.

A nosotros nos resulta fácil tener la impresión de que Dios tiene que ver con lo grande, lo espectacular y lo milagroso. Después de leer varios libros, de ver la televisión y de escuchar las historias en la iglesia, es muy fácil llegar a la conclusión de que a menos que Dios esté haciendo cosas realmente grandes a través de nuestras vidas, no somos espirituales.

La gente espiritual se corresponde con cosas pequeñitas, lo cual es el fruto de su espiritualidad. La vida espiritual no es una vida de éxito; es una vida de fidelidad y no es fácil. Dios hace «grandes» cosas de vez en cuando, pero no hay duda de que la obra principal de Dios en el mundo es pequeña, como la sal y la luz. Dios sabía que nosotros de forma natural nos deslumbraríamos con lo grande; esa es la razón por la que Jesús relató las parábolas de la oveja perdida, de la moneda perdida, del hijo perdido y de la semilla de mostaza. Jesús estaba tratando de decirnos algo: la vida espiritual es una vida diminuta, llena de decisiones pequeñas, de pasos pequeños hacia Dios, de pequeñas vislumbres de su presencia, de cambios insignificantes y de movimientos imperceptibles, de pequeños éxitos y de minúsculos movimientos ligeros.

En el Evangelio de Marcos hay una historia de cuatro versículos que es más parecida a una digresión que a un evento significativo.[2] Jesús acababa de despotricar en contra de las demostraciones excesivas de arrogancia y de la espiritualidad ostentosa. En cuanto termina su acalorada crítica de los que quieren que los demás noten su piedad, se fija en una mujer de la que nadie se apercibe. Jesús reconoce la inequívoca apariencia de la pobreza: ropas andrajosas, prendas gastadas una encima de otra (tenía frío, los ancianos siempre tienen frío), manchadas con suciedad de años. Arrastrando los pies sobre el piso del templo, deja caer dos monedas en la caja de la ofrenda. ¡Hablemos de un momento impresionante! Una mujer anciana entrega un pequeño regalo. Es una linda historia, pero no la clase de cosas de la que están hechas las películas. Por mucho que nos gustara sentirnos conmovidos por el sacrificio de esta mujer, ni siquiera se asemeja al drama de las vidas en peligro de los discípulos y de los héroes de la fe.

¿Qué es lo que hace que la historia de la viuda sea poderosa? No es dramática, ni espectacular, ni revolucionaria, ni significativa ni sorprendente. Aquí hay una mujer cuya presencia nadie nota y, peor que eso, cuya presencia nadie *se preocupa* por notar. En el mundo en que vive, ella es parte del paisaje, un borrón en una multitud de rostros, pero es un *borrón fiel*, una amante inconspicua de Dios, que *ama* a Dios todos los días y *vive* a Dios todos los días. *No le importa si se fijan en ella o no*; se preocupa acerca de si los demás se aperciben de Dios. Lo entienda o no, Jesús entiende el poder de la gente a quien no le importa para nada que se fijen en ella. El cristianismo se muestra a sí mismo más poderosamente en la vida desapercibida, en el siervo que no llama la atención, en el santo no reconocido, en el discípulo invisible.

No deberíamos sorprendernos. Jesús no decidió cambiar el mundo por medio de ejércitos, de espadas, de legiones de ángeles o de rayos. En cambio, cambió el mundo al rechazar la fama y al darle la bienvenida a la infamia de una muerte digna de un criminal.

La vida diminuta es crítica para nuestros tiempos, porque los medios de comunicación tienen un hambre insaciable por lo grande. Los bomberos y los policías que murieron en la caída del World Trade Center el 11 de septiembre fueron héroes genuinos, y todos les apreciamos, pero fueron grandes héroes en una gran historia. La realidad es que también hay millones de pequeños héroes. Estos son héroes que nunca llegan a la televisión o a los diarios, pero siguen siendo héroes. Las historias que estoy a punto de relatar no tienen el propósito de ensalzar a las personas o hacer héroes de ellas, sino que tienen el propósito de animarnos a todos nosotros a reconocer el poder de lo común, la significación de lo insignificante, la eterna diferencia que podemos hacer gente común, desprolija, sin terminar, en construcción, como tú y como yo. Permítanme darles ejemplos de acciones minúsculas realizadas por unos pocos discípulos desapercibidos los cuales no llaman la atención, pero quienes han comprado acciones en el disparatado, dado vuelta e invisible reino de Dios.

Michael: el chico que desencadenó a su madre de la depresión

Las discapacidades físicas y mentales de Michael exigían que viviera en un centro de cuidados permanentes. Michael podía caminar, pero necesitaba asistencia con casi todo lo demás, y su habla estaba deteriorada, lo que hacía que sus palabras fueran difíciles de entender. Sus padres vivían a cierta distancia y periódicamente la madre de Michael sufría de ataques de depresión, causados por la culpa que sentía por no poder cuidar de su hijo. Durante un episodio depresivo, permaneció en cama durante días, sin responder a ninguno de los esfuerzos por hacerla volver, incluso por parte de su esposo. Preocupado, el padre de Michael le pidió a este que fuera a la casa para ver si su presencia podía sacarla de su profunda desesperación.

Cuando llegó a su casa, Michael fue directamente a la habitación de su mamá y se sentó sobre su cama. Estuvo con ella por un largo tiempo, pero sin decir nada. Cuando su padre entró a la habitación, Michael señaló un florero grande y repitió una y otra vez: «Co... Co... Co... ca». Su padre tardó un buen rato en entender que lo que Michael estaba pidiendo es que llenara el florero de Coca Cola.

Cuando el padre llenó el florero, Michael se dirigió a la cocina, lenta y dolorosamente, y regresó con un pequeño trozo de pan. Con ternura, tomó la mano de su madre y colocó en ella el pedazo de pan. Luego mojó el pan en la Coca Cola y suavemente acercó el pan a la boca de su mamá mientras pronunciaba con dificultad las palabras usadas en la celebración de la Cena del Señor. Los ojos de su madre se llenaron de lágrimas cuando tomó el pan, y al cabo de unas pocas horas salió de la depresión. Michael hizo lo que pudo, la caída en depresión de su mamá se detuvo, y comenzó su recuperación.

Quizá Michael no pudiera hacer muchas cosas, ¡pero sí que *sentía*! Quizás su habla estaba deteriorada, pero su corazón funcionaba bien. Su improvisado culto de comunión podría parecerles desequilibrado a algunos, pero es lo que ayudó a su mamá a recuperar *su* equilibrio. Michael tenía un don del que incluso su padre carecía: *sabía lo que necesitaba su mamá.* Michael confió en lo que podía hacer, en lugar de sentirse frustrado por lo que no podía hacer, y luego realizó un acto de discipulado diminuto.

Michael podría haberse lamentado por sus limitaciones; podría haberse desesperado por la imposibilidad de sacar a su mamá de la depresión; podría haber sugerido que su padre contratara a un «profesional» para ayudar a su mamá. En cambio, hizo lo que los cristianos hacen cuando no saben qué hacer. Recurrió al arsenal de armas que separan a la iglesia de toda otra organización y se decidió por una de las menos probables: la comunión. Michael se dio cuenta de que la simpleza de Dios es todavía más poderosa que todas las armas brillantes de nuestra cultura.

Lisa: la chica que hizo ganadoras a las perdedoras

Lisa (no es su nombre real) decidió anotarse para el equipo de atletismo de su escuela de secundaria. Su escuela rural tenía tan pocos estudiantes, que cualquiera que se sometiera a una prueba de aptitud para un deporte pasaba a formar parte del equipo. Era la aspiración en lugar de la habilidad, lo que determinaba quiénes integrarían la lista.

Por mero deseo, Lisa llegó a ser la corredora clave en la carrera de relevos de 1500 metros para chicas. Dado que su escuela se jactaba de tener el único equipo de carrera de relevos integrado por chicas en su liga menor, Lisa y sus compañeras de carrera recibieron una invitación para representar a su liga en las finales de la sección. Todos sabían que el equipo no tenía posibilidades de derrotar a equipos más talentosos y más experimentados. Aun así, antes de la carrera, Lisa continuamente mostraba una sonrisa brillante, como si estuviera relajada y disfrutando.

Perplejo, un amigo mío le preguntó a Lisa por qué estaba tan calma. «¡Me encanta la carrera de relevos!», dijo. «No somos muy rápidas. Yo siempre soy la última en terminar, de modo que cuando aparezco en la recta final, la gente de las gradas me anima».

Efectivamente, para la última vuelta, el equipo de Lisa estaba muy retrasado. Cuando Lisa terminó la última vuelta, corriendo rápido hacia la línea de llegada, todos los demás habían dejado su andarivel, pero su sonrisa iluminaba la pista. La multitud se puso de pie, alentando a Lisa mientras esta cruzaba la línea de llegada.

«¿Ves», le comentó Lisa luego a una amiga, «siempre nos aplauden de pie y somos las últimas. Me encanta».

Lisa es mi heroína.

Ella ha rechazado los valores de una cultura que adora ganar. Se resiste a escuchar a los que dicen:

«Ser segundo es ser simplemente el primero en perder».

Lisa ha decidido que ser último puede ser tan bueno como ser primero. En su rincón desconocido del mundo, ella triunfa por encima de los que la llaman perdedora.

Esto me recuerda a un pequeño grupo de «perdedores» que estuvo junto a la cruz mientras Jesús moría. Apenas unos pocos días antes, miles de personas habían vitoreado a Jesús. Lo siguiente que sabemos es que está muriendo y está solo, y que unos pocos amigos deciden que se van a quedar con él mientras muere. También me recuerda a una lista de «desconocidos poco notables» de Romanos, capítulo 16 (excepto que *eran* notables). Escuchen la descripción que hace Pablo de su pequeñez heroica.

- Febe: diaconisa de la iglesia
- Priscila y Aquila: una iglesia se reúne en su casa
- María, Trifena, Trifosa y Pérsida: mujeres que trabajan duramente
- Andrónico y Junias: han estado en prisión conmigo

Se trataba de gente piadosa, probada y aprobada en Cristo, que hacía las pequeñas cosas de las que Pablo dependía para sobrevivir. La iglesia estaba creciendo, extendiéndose, agregando miles a sus listas todos los días y aun así Pablo se toma tiempo para afirmar y darle gracias a la gente que no se había olvidado de él.

Claudio y Virgilio: los chicos que recordaron a alguien no recordado

Un tercio de los 150 millones de residentes en Brasil son menores de catorce años. Veinticinco millones de chicos viven en una pobreza desesperante. Ocho millones están abandonados, en necesidad y pasan el tiempo andando por las calles. El treinta y cinco por ciento de estos chicos y chicas mueren en las calles antes de llegar a los dieciocho años.

Un grupo de nosotros fue a San Pablo para ver de primera mano la tragedia de los chicos de la calle de Brasil. Conocimos a Claudio y a Virgilio, quienes habían sido chicos de la calle y ahora estaban entregando sus vidas para alcanzar a los no alcanzables. Mientras caminábamos hacia un puente de la autopista, donde viven muchos de los niños de la calle (si es que se puede decir que viven), nos encontramos varados en una divisoria de cemento entre cuatro carriles de una autopista sumamente transitada. El tránsito pasaba a gran velocidad en ambas direcciones, haciendo imposible que cruzáramos la calzada.

De repente, frente a nosotros, vimos a un joven demacrado durmiendo sobre la divisoria de cemento, usando las manos como almohada. ¿Cómo podía alguien dormir tan profundamente a pesar del ruido y la confusión de miles de automóviles, del calor agobiante y de la conmoción interminable de la ciudad? Le pregunté a Claudio. Me dijo que el chico estaba durmiendo bajo los efectos del crack.

«A veces llegan a dormir veinticuatro horas, y uno no debe despertarlos», advirtió Claudio, «porque el crack les puede volver muy peligrosos».

Pasé al lado del chico, pero cuando me di la vuelta vi a Claudio inclinándose lentamente, suavemente, tocando al chico y diciéndole en tono dulce: «Andrés. Andrés». Le habló con una compasión y una preocupación sorprendentes. El muchacho no se despertó, y nosotros seguimos caminando.

Más tarde, Claudio me contó la historia del muchacho. A los catorce años, Andrés era un adicto al crack que había estado involucrado en el proyecto de rehabilitación de Claudio, pero la atracción de la calle probó ser demasiado grande.

Esa noche, mientras estaba sentado en mi habitación, pensando en Andrés, en Claudio y en Virgilio, se me cayeron las lágrimas. Alcanzar a ocho millones de chicos de la calle es una responsabilidad abrumadora. La mayoría de los ocho millones son como granos de arena olvidados. ¿Qué sentido tiene?

Claudio y Virgilio lo ven de manera diferente. Gracias a su ministerio, quedan solamente 7.999.999 granos, y un grano, Andrés, no está olvidado. ¡Gracias a Dios por los que recuerdan a los olvidados! Gracias a Dios por dos jóvenes desconocidos que han dado sus vidas para salvar a un pequeño granito de arena por vez.

Sue: la mujer cuyo silencio acalló a los airados

Algunos de nosotros nos encontrábamos en un retiro espiritual, cuando una inocente discusión tarde en la noche escaló hasta llagar a transformarse en un desacuerdo tóxico, que explotó en una discusión extremadamente airada. Provocados y frustrados, todos nos fuimos a dormir contrariados. A la mañana siguiente le pedimos ayuda a una de nuestras directoras espirituales, Sue, quien amablemente aceptó mediar en la situación. Temprano en la tarde, no reunimos en un pequeño salón y comenzamos a desenmarañar la discusión de la noche anterior. A medida que la discusión seguía y seguía, la tensión en el salón aumentó y había palabras feas yendo de aquí para allá. La ira volvió a llenar el lugar. Mientras tanto, nuestra directora espiritual permanecía en silencio, sin hacer intento alguno de mediar.

¿Qué le pasaba? ¿Por qué no intervenía? Nuestra incomodidad fue en aumento hasta que el silencio de nuestra directora fue tan fuerte que dejamos de discutir. Uno por uno, levantamos la cabeza para ver que Sue estaba sollozando en silencio, con los ojos rojos, y el rostro distorsionado con angustia por nuestro dolor.

Sin decir una palabra, nuestra directora espiritual quebró la ira del salón, silenció nuestros gritos, se relacionó con la causa profunda de nuestra disputa y nos puso en el camino de la reconciliación. Aun cuando Sue no entendía las complicadas y disfuncionales relaciones entre los miembros del grupo, Dios usó su silencio y sus lágrimas para comenzar un proceso de sanidad.

Gertie: la anciana que se infiltró en un grupo de jóvenes

A los setenta y seis años de edad, Gertie comenzó a preocuparse por los jóvenes de su iglesia, de modo que se ofreció como voluntaria para ayudar en el grupo juvenil de estudiantes secundarios.

«¿Qué le gustaría hacer?», le preguntó el pastor.

«No lo sé», dijo ella. «A Dios y a mí ya se nos ocurrirá algo».

Gertie no era buena para hablar en público, se sentía demasiado mayor para participar en juegos y no quería liderar estudios bíblicos ni ser consejera en campamentos. Pero tenía una cámara, así que hizo fotografías de cada uno de los chicos del grupo juvenil, las colocó sobre tarjetas y escribió una información biográfica en la parte de atrás de cada una. Memorizó la cara y la información de cada tarjeta y luego se paraba a la puerta del salón de jóvenes cada domingo por la noche. A medida que entraban los alumnos, les daba la bienvenida a cada uno por nombre. Al final de la reunión, se paraba otra vez a la puerta y despedía a cada persona por su nombre, prometiendo orar por cada uno. A lo largo de los años, los jóvenes de la iglesia descubrieron que Gertie tenía la Biblia casi memorizada, así que se acercaban a ella con peguntas y luchas propias de sus vidas jóvenes.

Después de diez años de cumplir con un ministerio juvenil, a los ochenta y seis años, Gertie sufrió tres ataques. La posibilidad de su muerte causó dolor en todos los chicos del grupo juvenil. Querían ayudarla, decirle lo mucho que significaba para ellos, pero no sabían cómo hacerlo. Una tarde, después de terminar de leer *Tuesdays with Morrie*, el líder juvenil tuvo una idea.

«Gertie», le dijo, «me gustaría hacer tu funeral».

«Ya lo sé», dijo ella. «Yo *quiero* que me hagas el funeral... pero todavía no estoy muerta».

«Sí, pero yo quiero hacer tu funeral mientras estás *viva*, para que puedas oír simplemente cuánto significas para el grupo juvenil de nuestra iglesia».

A Gertie le encantó la idea, y el grupo juvenil y su líder planearon su funeral en vida.

Como se podrán imaginar, una gran cantidad de chicas y muchachos llenaron el lugar de culto. Muchos de ellos ya se habían graduado del colegio, se habían casado y tenían hijos propios. Esa noche sus alumnos que la conocieron durante sus diez años de servicio allí compartieron historias de Gertie.

Al final de la noche, un grupo de jovencitos de secundaria se reunieron misteriosamente en la parte de atrás del salón. Para entender lo que estaban haciendo, tú necesitarías saber algo acerca de Gertie. Podría tener ochenta y seis años, pero nunca había perdido su juventud. No le gustaban los perfumes de gente anciana; a Gertie le encantaban los perfumes de marca costosos como *Beautiful*, de Estée Lauder, que era su favorito.

Los jóvenes caminaron por el pasillo central, todos apretados como para esconder algo. Cuando llegaron adelante, levantaron en alto una botella gigante y costosa de Beautiful, la rompieron y la derramaron sobre los pies de Gertie, ungiéndola en gratitud por todo lo que había hecho. Al igual que la viuda, Gertie había dado lo que podía. Y al igual que la viuda con su pequeñísima ofrenda, la ofrenda de Gertie continuará viviendo mucho después de su partida.[3]

Michael, Lisa, Claudio, Virgilio, Sue y Gertie quizás no aparecerán en las pantallas de radar de los que mueven y sacuden al mundo. Pero Dios los reconoce, y reconoce a otros no reconocibles como tú y como yo. Cada pequeña contribución que hacemos para su reino es tomada en cuenta y recordada, y un día entenderemos lo hermoso que son nuestros escasos sacrificios.

Pequeño mosaico

Morehead, en Minnesota, el lugar donde está la Universidad Concordia, está del otro lado de la frontera, frente a Fargo, en Dakota del Norte, una parte muy desolada del país (especialmente en invierno). Durante todo el año la comunidad espera el concierto navideño anual de Concordia. Cada diciembre, la gente de la comunidad crea una escenografía única para el concierto: un mosaico de treinta metros por diez. Comenzando en el verano, alrededor de seis meses antes del concierto la comunidad diseña un nuevo mosaico, alquila un edificio vacío y comienza la tarea de pintura. Miles de personas, que van desde estudiantes de sexto grado hasta personas de la tercera edad, pintan el mosaico. Ellos pintan por número un diseño a gran escala que tiene miles y miles de pequeños pedacitos. Día tras día, mes tras mes, pintando un pequeño pedacito cada vez, el cuadro del mosaico toma forma gradualmente.

Cuando todos han terminado de pintar, un artista repasa toda la creación, perfeccionando la obra de arte final. Cuando el mosaico se completa, lo colocan detrás del coro. Tiene la apariencia de una ventana enorme formada por vidrieras. El fin de semana del concierto, los que han ayudado a pintar llegan temprano junto con sus amigos y vecinos. Por todo el edificio, se puede oír gente susurrando: «¿Ves ese pedacito verde debajo del pie del camello? Lo pinté yo».

Todos los años, a mitad del verano, en Morehead, Minnesota, miles de personas comunes y desconocidas pintan un pequeño azulejito insignificante. Seis meses más tarde, el resultado es una obra maestra espectacularmente hermosa.

Nuestras pequeñas elecciones y nuestros pequeños movimientos hacia Dios pueden no parecer mucho. Pero algún día tú y yo estaremos de pie juntos en la gran catedral del cielo, y en el frente, junto a Jesús, colgaremos el mosaico más magnífico que te puedas imaginar, formado por miles y miles de respuestas diminutas al amor de Dios en nuestras vidas.

8

EL MOLESTO AMOR
DE DIOS

Lo irresistible de la gracia

Todas las personas de fe que conozco son peca-dores, gente que duda, ejecutantes disparejos. Tenemos seguridad no porque estemos seguros de nosotros mismos, sino porque confiamos en que Dios está seguro de nosotros.

EUGENE PETERSON, *A LONG OBEDIENCE IN THE SAME DIRECTION*

«¿A Dios le gustas tú?», le pregunté a una niñita de cinco años. Ella sofocó una sonrisa forzada. Es un alma compasiva. «Sí», dijo con facilidad, con confianza y con certeza. «¿Cómo lo sabes?».

«Por su manera de hablarme. A él simple-mente le gusto yo. Lo reconozco en su voz».

ROBERT BENSEN, *BETWEEN THE DREAMING AND THE COMING TRUE*

No te dejaré solo. Tú eres mío. Yo conozco por nombre a cada una de mis ovejas. Tú me pertene-ces. Si crees que he terminado contigo, si crees que yo soy un dios pequeño a quien puedes mantener

*a una distancia segura, me abalanzaré sobre ti
como un león rugiente, te haré pedazos, te haré
jirones y quebraré todos los huesos de tu cuerpo.
Luego te compondré, te acunaré en mis brazos y
te besaré con ternura.*

BRENNAN MANNING, LION AND LAMB

Yo tenía una ruta para repartir diarios cuando tenía once años. Era una de las rutas más difíciles, salpicada de granjas, de hogares rurales y unas cuantas colinas. Pero el dinero que ganaba era bueno para un chico, y mis padres me permitían conservar mis ganancias para comprar las cosas no necesarias de la vida (estéreo, discos, grabadores, etc.). Nuestra familia, perteneciente a la clase media baja, tenía poco lugar para las cosas no necesarias. Mi ingreso mensual me forzó a aprender sobre gratificaciones pospuestas, cuentas de ahorro y sobre otros matices del capitalismo.

Un martes cualquiera, mientras cruzaba la ciudad en mi bicicleta, pasé por una tienda de música y paré dando una patinada. Allí, en el escaparate, solito, se encontraba el bongó más hermoso que yo había visto. Era casi tan alto como yo, y no podía alejar mi mirada de la hermosura de su forma de barril. Madera oscura y madera clara alternaban alrededor de un exterior laminado. Un armazón de cromo estiraba la gruesa piel de animal sobre la parte de arriba del tambor. Era el año 1953 y un chico de once años no podía resistir la seducción de un tambor como ese. Veinte dólares eran mucho dinero en esos días, *pero yo tenía veinte dólares en mi cuenta de ahorro.* Antes del fin del día yo había comprado ese bongó, lo había llevado a mi casa y se lo había mostrado con orgullo a todos mis amigos. Ninguno de nosotros sabía cómo tocar tambor de ningún tipo, pero eso no nos detuvo para imaginarnos que éramos los chicos con más ritmo y talento del mundo.

Y luego mi padre llegó a casa de su trabajo. Ansioso por mostrarle mi nueva adquisición, entré haciendo alarde a la cocina, golpeando el tambor lo más fuerte posible, con una sonrisa de oreja a oreja.

«¿De dónde sacaste eso?», preguntó con agudeza mi padre.

Dudé. «Bueno... lo compré con el dinero que gané con los diarios, papá. ¡Es un bongó! ¿No es hermoso?». Yo estaba muy orgulloso.

Su dureza continuó. «¿Cuánto te costó?».

«Veinte dólares», dije tímidamente, esperando todavía que él compartiera mi entusiasmo y mi gozo.

«¿Veinte dólares?». Yo no estaba preparado para su enojo. Me quedé parado allí como estúpido, mientras mi nuevo tambor se deslizó lentamente de mi costado al piso de la cocina. Se hizo un silencio y luego vinieron las palabras que nunca olvidaré: «¡Devuélvelo!».

Yo no podía creer lo que estaba oyendo. Mis padres habían enfatizado una y otra vez que el dinero que yo ganaba repartiendo diarios era mío. Mientras no lo gastara en algo ilegal o inmoral, tenía la libertad de comprar lo que quisiera. Yo quería el bongó, y mi padre me estaba ordenando que lo fuera a devolver. (Mi padre había crecido durante la Gran Depresión. Para ser justo con mi padre, él pensaba que el vendedor de la casa de música se había aprovechado de mí. Por supuesto, yo no lo entendí en ese momento.)

A la mañana siguiente fui a devolver el bongó. Por razones que realmente no entiendo, el trauma de esa experiencia se internó profundamente en mi alma. Yo estaba emocionalmente destruido y toda buena experiencia a partir de eso ha estado empañada por el temor de oír las palabras: «Devuélvelo». Enterrada en el fondo de mi mente está la preocupación que me carcome de que la tarjeta de crédito de la gracia está por ser cancelada. Estacionada en alguna parte en mi subconsciente está la creencia de que la gracia y el perdón son pródigos, incondicionales y *limitados*.

Crucifiquen a Cristo demasiadas veces, fracasen con demasiada frecuencia, pequen más de la cuenta y Dios decidirá retirar su amor. Es tan bizarro, porque yo sé que Cristo me ama, pero no estoy seguro de que yo le guste, y continuamente tengo la preocupación de que el amor de Dios simplemente se agote. Periódicamente debo recibir la cachetada de las palabras de Pablo en Romanos: «Pues estoy convencido de que ni la muerte ni la vida, ni los ángeles ni los demonios, ni lo presente ni lo por venir, ni los poderes, ni lo alto ni lo profundo, ni cosa alguna en toda la creación, *podrá apartarnos del amor que Dios nos ha manifestado en Cristo Jesús nuestro Señor*».[1]

El amor de Dios es pegadizo

Pablo usa aquí muchas palabras religiosas, pero la base es que todos estamos pegados con el amor de Dios, lo queramos o no. Las palabras «ni cosa alguna en toda la creación», significan que *nada* puede impedir que Dios nos ame.

Nada. Él simplemente continúa amándonos. En lenguaje actual se podría decir: «Ni el fracaso ni una asistencia baja a la iglesia, ni una lectura de la Biblia y una vida de oración inadecuadas, ni la traición, ni la negación, ni la duda, ni la inseguridad, ni la culpa, ni la debilidad, ni una mala teología, incluso la pérdida de los estribos nos pueden separar del amor de Dios». Él nos ama cuando no queremos que nos ame. Él nos ama cuando no actuamos como cristianos. Él nos ama cuando nuestras vidas son un desorden. Su amor es pegadizo, resistente al rechazo, agresivo y persistente. El desafío continúa, así que adelante, resístete a su amor, huye de él, escóndete de él. Adelante, prueba.

En la película *The Great Santini,* Bull Meechum es un marino que no es capaz de dejar en la oficina su preparación militar. Despierta a sus hijos (a quienes llama «cerdos», igual que a los nuevos reclutas) muy temprano y les ordena que formen una fila para la «inspección». Aunque él es violento y difícil, los cuatro hijos de Bull aman y respetan a su padre. Los hijos reconocen cuándo son amados y aunque papá tiene un exterior rudo, ellos saben que los ama. Pero papá, al igual que todos los papás, tiene su cuota de defectos.

Toda su vida, Bull ha estado luchando con los demonios de su infancia, con un padre que no estaba nunca satisfecho, y que siempre estaba exigiendo algo más de su hijo. Bull y su hijo mayor, Ben, tienen una relación estrecha entre ellos, que comienza a desintegrarse cuando el hijo madura.

Una noche tarde, Bull entra a su casa tambaleando por el alcohol y comienza a abusar físicamente de su esposa. Oyendo los alaridos de su madre, sus hijos saltan de sus camas, corren escaleras abajo e intentan detener a su padre. Ben agarra a Bull del cuello de la camisa y lo pone contra la pared, mientras los otros tres tratan de agarrarlo por las piernas y los brazos. Cuando los gritos y el llanto se apagan, Bull se tambalea hacia atrás, y en medio de su borrachera se da cuenta de que ha llegado al punto de destruir su matrimonio y su familia. Humillado, enojado y más que todo incoherente, se aparta de su familia y sale de un portazo.

Más tarde, mientras los hijos se tranquilizan en la cama, Ben encuentra a su madre parada a la entrada de la casa. «Me estoy empezando a preocupar», dice ella. «Tu padre puede estar en problemas».

«Muy bien», dice Ben irritado, «espero que se muera».

«No, no esperes eso», protesta su madre. «Quiero que vayas a por él».

A regañadientes, Ben busca a su padre en las calles vacías cercanas a su casa. Finalmente, encuentra a Bull desplomado debajo de un árbol, musitando un triste diálogo imaginario con su padre. En cuanto el hijo oye las palabras lacrimosas de su padre, comienza a entender por qué él es como es. Finalmente, Bull se tira sobre la hierba, llorando, y su hijo se agacha para levantarlo. «Vamos, papá, te llevo a casa. Creo que ahora te entiendo».

Cuando levanta a su padre, le dice suavemente: «Te amo, papá». Bull lo empuja y camina tambaleante cruzando el parque. Ben, enojado al principio, continúa diciendo: «Te amo, papá. Te amo». Bull trata de escaparse de su hijo, pero Ben comienza a hacer círculos a su alrededor provocándolo:

«Te amo, papá. Vamos, papá, ¡te amo! Atrévete a detenerme, papá, vamos, ¡detenme! Te amo, papá».

Finalmente, cuando Bull tiene claro que no puede escapar o alejarse del amor de su hijo, Ben lo sostiene y lo lleva a casa.

Bull se siente enojado debido al amor incondicional, implacable y testarudo de su hijo. No importa cuán feo se vuelva él, su hijo se niega a dejar de amarlo. Él no merece el amor de Ben y lo sabe. Ha sido un padre terco y lleno de defectos. Ha fracasado muchas veces, demasiadas veces. Trata de ahogar las palabras de Ben, pero no puede.

Ben nos recuerda a un Dios que se niega a dejar de amarnos no importa cuánto hayamos arruinado nuestra vida. Se niega a excluirnos. Esa es la razón por la que finalmente tuvo que enviarnos a Jesús.

Antes de que viniera Jesús, todos estábamos fuera del cerco de la gracia de Dios.

Durante la Segunda Guerra Mundial, un grupo de soldados estaba peleando en la zona rural de Francia. Durante una batalla muy intensa, uno de los soldados americanos perdió la vida. Sus camaradas no querían dejar su cuerpo en el campo de batalla y decidieron darle una sepultura cristiana. Recordaron que había una iglesia a unas pocos kilómetros de la línea del frente, cuyo predio incluía un pequeño cementerio rodeado de una cerca blanca. Después de recibir permiso para llevar el cuerpo de su amigo al cementerio, salieron en busca de la iglesia, a donde llegaron poco antes de la puesta del sol.

Un sacerdote, cuya espalda encorvada y cuerpo frágil ponían de manifiesto sus muchos años, respondió cuando golpearon. Su rostro, profundamente arrugado y bronceado, albergaba dos ojos intensos que brillaban con sabiduría y pasión.

«Nuestro amigo ha muerto en combate», dijeron abruptamente, «y queríamos enterrarlo en una iglesia».

Aparentemente, el sacerdote entendió lo que estaban pidiendo, aun cuando respondió en un inglés muy quebrado. «Lo siento», dijo, «pero aquí solo podemos enterrar a los que tienen la misma fe».

Agotados después de muchos meses de guerra, los soldados simplemente se dieron la vuelta para irse.

«Pero», el viejo sacerdote los llamó, «pueden enterrarlo fuera de la cerca».

Cínicos y exhaustos, los soldados cavaron una tumba y enterraron a su amigo justo fuera de la cerca. Terminaron cuando había caído la noche.

A la mañana siguiente, se le ordenó a toda la unidad que continuara, y el grupo corrió otra vez hacia la iglesia, para darle un último adiós a su amigo. Cuando llegaron, no encontraron el lugar de la tumba. Cansados y confundidos, golpearon la puerta de la iglesia. Le preguntaron al anciano sacerdote si sabía dónde habían enterrado a su amigo. «Estaba oscuro anoche y estábamos exhaustos. Debemos habernos desorientado».

Una sonrisa cruzó el rostro del viejo sacerdote. «Anoche, cuando se fueron, yo no podía dormir, así que me levanté temprano esta mañana y *cambié de lugar la cerca*».[2]

Jesús hizo mucho más que cambiar de lugar la cerca: él la derrumbó. No es de extrañar que pusiera nerviosos a los escribas y a los fariseos. A los *constructores* de cercas no les gusta que las destruyan.

La gracia de Dios no es justa

Jesús relató una parábola que según toda opinión es ofensiva, discriminatoria, elitista, ridícula y que causa mucho enojo.[3] Una mañana temprano, un hombre rico, dueño de un campo contrata a algunos hombres desempleados para trabajar en su viña y conviene un precio (un denario). A medida que progresa el día, contrata más trabajadores, prometiéndoles ser justo en la paga. Contrata trabajadores a las nueve, al mediodía, a las tres y tan tarde como las cinco de la tarde. Al final del día, el capataz, siguiendo las instrucciones del dueño del campo, les paga a los trabajadores por orden, comenzando por los últimos en ser contratados. Los que llegaron tarde, que habían trabajado solamente una hora, más o menos, recibieron un denario. Los que trabajaron más tiempo pensaron que, por supuesto, ellos iban a recibir más. Pero no fue así. Todos recibieron un denario, *sin importar cuánto hubieran trabajado*. En el día de hoy, al dueño del campo le harían un juicio y lo perdería. Dado el nivel de ira en el mundo de hoy, los trabajadores probablemente lo habrían asaltado o le habrían dañado la propiedad. ¿Quién podría culparlos? ¿Quién de nosotros no se solidarizaría con una persona que trabajó ocho horas y recibió lo mismo que alguien que trabajó una hora? No es justo.

Seamos sinceros. Este terrateniente estaría fuera de tono en el mundo moderno o dentro de una sociedad democrática en cuanto a eso. La gente civilizada no se comporta de esta manera. Nosotros creemos en la igualdad, en la justicia y en el derecho a recibir una paga equitativa. Tenemos leyes que nos protegen de empleadores arbitrarios, caprichosos e injustos. Lo que es todavía más perturbador es la explicación que Jesús da de la parábola. Él dice que *¡el reino de Dios es como esto!* ¿Qué? Esperen un minuto. Si hay una constante eterna, un atributo de Dios en el que podemos confiar de manera inequívoca, este es la justicia de Dios. Dios es el eterno monitor de la justicia, ¿no es cierto? La vida puede no ser justa, pero Dios definitivamente lo es, ¿correcto?

No parece ser así, de acuerdo a esta parábola. ¿Generoso? Sí. ¿Justo? No. Deberíamos haberlo sabido. Jesús nos da advertencias suficientes. Los últimos serán los primeros. Tú tienes que morir para vivir. Está claro que el amor de Jesús es más que radical; es arbitrario, causa perplejidad, es chocante y ofensivo. Ninguno de nosotros quiere admitirlo, pero si *nosotros* hubiéramos comenzado a trabajar al amanecer, nos hubiéramos resentido contra los que trabajaron una hora y recibieron la misma paga. Amar a todos es un gran concepto, pero cuando el amor contradice nuestro sentido de justicia, nos enojamos. Sí, todos estamos a favor del amor de Dios, pero él no puede amar a una persona más que a otra, ¿no es cierto? Dios simplemente no puede perdonarte a ti más de lo que me perdona a mí, ¿no es cierto? Si el amor de Dios es injusto, entonces es mucho más ofensivo y mucho más misterioso de lo que jamás podríamos haber imaginado. La injusticia del dueño del campo fue una excelente noticia para los que habían estado desempleados y sin esperanza de ser contratados. El amor de Dios puede ser «injusto», pero cuando esa «injusticia» nos incluye a ti y a mí, ¿quién va a discutir?

En la Biblia hay muchos ejemplos del amor injusto de Dios. El hijo pródigo, Zaqueo el cobrador de impuestos y la mujer encontrada en adulterio califican, pero el ejemplo más atroz es el del ladrón en la cruz.

Ya no había más oportunidades para el ladrón. No más apelaciones. No más artilugios legales de último momento. Ninguna posibilidad de un rescate o de un milagro. Lucas nos dice que el ladrón sabía que era culpable y sabía que estaba recibiendo lo que merecía. La ley era justa. Este hombre había violado la ley y ahora tenía que pagar. Pero allí, a su lado, estaba Jesús. A él no lo estaban tratando con justicia. Todos sabían lo que realmente estaba pasando, que su pena de muerte tenía que ver con el poder y la política. Incluso un ladrón reconoce la inocencia cuando la ve. Incluso un ladrón conoce la diferencia entre justo e injusto. Pero el corazón no siempre puede permanecer en silencio. Algunas veces, los anhelos que viven allí se abren camino a través de nuestras voces. El ladrón le dice a Jesús abruptamente: «Jesús, acuérdate de mí cuando llegues a tu reino».

¿Te imaginas lo que debió haber pensado el ladrón? ¿Qué acabo de decir? ¿Qué me está pasando? Hombre, estoy perdido, estoy acabado. Mi vida ha terminado. Al final, se ha agotado mi suerte. Ni siquiera conozco a este tipo que está a mi lado, solo que...me siento como si lo conociera. La inocencia emana de su cuerpo partido. Y sus ojos ven mi interior. La atracción hacia él es intolerable; ¡no puedo dejar de mirarlo!

Pero... ¿qué he dicho? Ah, sí: «¡Acuérdate de mí!». No puedo creer que haya dicho eso. ¿Por qué habría de recordarme? ¿Qué tiene que ver la inocencia con alguien tan contaminado como yo? Esto no tiene sentido para nada. Yo merezco lo que me está ocurriendo, pero aquí estoy pidiéndole a él que me lleve a donde vaya.

¡Esto es una locura! Algunas personas dicen que este tipo, Jesús, es Dios. Si lo es, entonces estoy perdido. Si hay algo que aprendí en la sinagoga es que Dios es justo. Dios es equitativo.

Esperen un momento, está musitando algo que no... no entiendo muy bien...

«Te aseguro que hoy estarás conmigo en el paraíso».

¡Qué injusto! ¿No tendría que haberle pedido al ladrón que se arrepintiera, que compensara por lo que hizo o que por lo menos declarara que lo sentía? No hubo conferencias, ni sermones, ni enseñanzas ni exigencia de arrepentimiento. Jesús simplemente llevó al hombre dentro del reino de Dios. ¿No deberíamos ser más cuidadosos con los requerimientos para recibir la gracia? Aparentemente, no.

El amor de Dios es persistente

Un joven (amigo mío) y su esposa llevaban cinco años tratando de tener un hijo, y habían agotado todas sus opciones. El no tener hijos comenzó a preocuparlos a ambos. Se veían consumidos por preguntas difíciles. ¿Cómo es posible que dos siervos saludables que aman a Dios sen encuentren sin hijos, mientras que por todas partes, tantísimas mujeres que nunca han pensado en Dios tienen bebés que no desean?

Cinco años de silencio por parte de Dios comenzaron a causar problemas y luego ocurrió el milagro. ¡La esposa de este hombre quedó embarazada! A los pocos meses, las noticias mejoraron aun más: esperaban mellizos.

El panorama de la fe de esta pareja cambió radicalmente. Las preguntas desaparecieron. Dios era bueno y Dios estaba visible. ¡Ahora tenían sentido los cinco años de espera! Dios les había estado enseñando a esperar y ahora les estaba dando más de lo que ellos le habían pedido. La vida era buena. ¡La vida tenía sentido!

Luego comenzó la maraña.

Durante un examen médico rutinario, el médico descubrió problemas serios. Uno de los bebés ya había muerto; el otro tenía pocas posibilidades de sobrevivir. Si lo hacía, probablemente sufriría discapacidades severas. El médico dijo que el aborto era la única salida.

A mi amigo se le abrió el piso. Se sintió devastado, frustrado, herido, confundido y desesperadamente perdido en el dolor. ¿Cómo podía Dios hacer eso? ¿Qué clase de Dios primero te da un regalo y luego lo destruye? Mi amigo estaba ligado a su fe por un hilo delgado. En realidad, más tarde él diría que su fe estaba unida a él. *Él* hacía mucho que se había dado por vencido.

Otros amigos de la iglesia notaron su profundo agotamiento y lo alentaron enérgicamente a tratar de recoger los pedazos de su vida. Me acompañó a mí a un retiro silencioso de una semana, pero me dejó bien en claro que no quería estar allí y no trató de esconder su enojo.

Uno de los ejercicios espirituales durante el retiro fue una caminata por la naturaleza. El director espiritual indicó que debíamos buscar lugares en los que podíamos ver a Dios. Mi amigo se enfureció.

«Esto es una estupidez», dijo. «En lo que a mí concierne, Dios no está en ninguna parte. No voy a perder una hora tratando de encontrar a Dios en la naturaleza. He desperdiciado los últimos meses tratando de encontrar a Dios en mi vida, y no he obtenido ninguna respuesta».

Tomó la decisión de que se negaría a participar en la caminata por la naturaleza. Caminó y todo; *hizo* como que estaba participando; pero saboteó la experiencia al elegir una larga escalinata de cemento por la que caminó, fijando la mirada solo en el cemento. No miró ninguna planta. Pasó una hora en rebeldía silenciosa, concentrado en el liso y desolado cemento.

Después del ejercicio, regresó a su grupo pequeño para describir lo que había ocurrido.

«Yo estaba más o menos a mitad de camino», dijo, «caminando muy lentamente, perdido en mi enojo y mi resentimiento hacia Dios, cuando comenzaron las lágrimas. No fui consciente de mis lágrimas hasta que mi mente se conectó con mi corazón. Había grietas en el cemento. Todo el camino estaba cubierto de grietas. Me di cuenta de que mis lágrimas no se debían a las grietas; se debían a lo que había *dentro* de las grietas, en *todas* las grietas: ¡una flor! De alguna manera, en medio del cemento gris y sin vida, *¡la vida se abrió camino* a través de la roca y del cemento impenetrable de la vereda! Repentinamente fui consciente de la presencia de Dios. ¡Él estaba vivo! Me sorprendió con sus flores. Encontró una manera de mostrarme esperanza en medio de la desesperación. Su amor y su cuidado me encontraron».

De alguna forma, en las ruinas de la vida de un hombre, mientras la ira bullía en su interior, mientras languidecía en desesperación, incluso mientras estaba rechazando a Dios, *Dios mantuvo en pie la conversación.* Dios persiguió a mi amigo para abrazarlo.

El molesto bongó

En un retiro espiritual reciente con mi hijo mayor, reapareció la experiencia del bongó. Una noche, ya tarde, en la mitad del retiro, por primera vez le relaté la historia a mi hijo. La cicatriz en mi alma todavía permanecía. El último día del retiro, inmediatamente antes de la comunión, tuve un devocional corto. A pesar de que había preparado unas pocas notas, la charla fue mayormente espontánea y la historia del bongó se derramó fuera de mí para ilustrar algo de lo que estaba hablando. Ni mi hijo ni yo nos habríamos imaginado que la historia se fuera a contar.

Cuando terminé, me senté para preparar la comunión. La silenciosa capilla reflejaba nuestra anticipación del sacramento. El largo silencio continuó hasta que, de manera inesperada, mi hijo caminó taconeando hacia el frente de la capilla, haciendo un ruido extraño. Ciertamente, atrajo la atención de todos. Después de subir las escaleras del escenario, desapareció detrás de un gran podio de roble y comenzó a buscar algo, haciendo ruido de papeles y de cartones. De repente, se dio la vuelta hacia el público, sosteniendo en sus manos un bongó grande y lustroso. Se dirigió hacia adelante y colocó el bongó en el altar.

Se me llenaron los ojos de lágrimas mientras estaba sentado allí, perplejo. *¿Es para mí? ¿Puedo quedarme con el bongó?* La lógica insistía en que aunque ese era un gesto hermoso de parte de mi hijo, realmente no era para que yo me quedara con él. *¿Cómo podía ser? Él no tenía ni idea de que yo iba a hablar del bongó. Ya sé, debe haber recordado que había un bongó en el depósito que está detrás de la plataforma y decidió espontáneamente que era una gran manera de terminar el culto.* Sin lugar a dudas, no era para que yo lo conservara, así que no intenté tomarlo. No era cuestión de tener que renunciar a él otra vez.

Nunca olvidaré lo que ocurrió luego. Desde atrás del salón oí las palabras: «¡Toma el bongó!». Lentamente me puse de pie en el altar y a través de mis lágrimas contemplé el más hermoso bongó de mi vida. No lo levanté; puse mis brazos a su alrededor y lo abracé, sacándolo del altar. Mi hijo después me dijo que él iba a contar la historia y me iba a regalar el bongó, pero cuando yo comencé a contarla, él se dio cuenta de que Dios había planeado la mañana mucho más allá de las expectativas de cualquiera.

Sobre la estantería de libros que hay a mis espaldas está el bongó. Cuarenta y siete años es mucho tiempo esperando, pero la espera ha terminado. Cada vez que lo miro, mi corazón se ríe de un Dios que conspiró para asegurarse de que yo entendiera su gracia sin fin. Todos los días lo oigo susurrar: «¡Nunca voy a retirar mi gracia!».

Espero que tú también lo oigas susurrar.

EPÍLOGO

Acababa de terminar de hablar en el retiro de una iglesia en un pueblo alejado en el este, donde había pasado tres horas argumentando con la congregación para que llevaran ante Jesús sus vidas ocupadas y torcidas. En cuanto terminó la última reunión, salí corriendo hacia el aeropuerto para tomar mi avión. Desafortunadamente, mi vuelo se demoró y para cuando llegué a San Francisco, había perdido mi conexión y habrían de pasar horas para el siguiente vuelo disponible.

Tuve un colapso emocional. Estaba varado en un aeropuerto lleno de gente y ruidoso, y quería estar en casa con mi esposa. Me sentía prisionero de la culpa por abandonar a mi esposa y por hablar mucho (tú di lo que sea, y yo me siento culpable por eso). Estaba deprimido y enojado, y no tenía los recursos espirituales para enfrentar la situación.

Luego se me ocurrió que mi hijo y mi nuera vivían a unos pocos kilómetros del aeropuerto. Podía llamarlos y hablar con mi nieto. *Hablar con él es una garantía de que me voy a alegrar,* pensé.

«Hola, Noé», le dije.

«To juano papá», masculló una vocecita.

La vida es cruel. Los niños que están aprendiendo a hablar no deberían estar hablando con personas de cincuenta y seis años que están perdiendo el oído. A mi edad, las voces de los niños pequeños son las que necesito oír con más atención.

Decidí usar la trillada y probada triquiñuela de los abuelos: seguir la fonética y pretender que uno entiende.

«¿Estás jugando con papá?». Funcionó.

«¡Papá! ¡Juano ten!».

«¿Estás jugando con tu tren?». Estaba sobre la pista.

«¡Ten! ¡Ten! ¡Muffo grotos!».

¿Muffo grotos? Ahora estaba desesperado. «¿Está mami por allí también?».

«No. No. *¡Muffo grotos!*». En el lenguaje de un niño de dos años era: «¿No entiendes español?».

Ahora me di cuenta de que no había esperanza. No solo estaba demorado para llegar a casa, sino que era un abuelo inadecuado, incapaz de oír a su propio nieto. Mi actitud melancólica se tornó más melancólica. Había solo una salida.

«¡Déjame hablar con papá, Noé!».

Hubo un gran silencio. Mi frustración aumentaba.

¡Buenísimo! Noé no está buscando a papá; ha dejado tirado el teléfono y está jugando con su tren. Yo estoy en este aeropuerto y ¡el teléfono está en el piso! ¡Vaya a saber cuánto tiempo va a estar ahí!

Yo ya estaba frustrado y *¡furioso!* Esperaría un minuto más y luego colgaría. Pero en cuanto comencé a bajar el auricular, la pequeña vocecita de Noé dijo con la voz más clara que yo he oído en mi vida: «¡Te amo, abuelo!».

Mis ojos se llenaron de lágrimas y no podía dejar de llorar. Mi melancolía desapareció. Mis frustraciones se disiparon. La oscuridad retrocedió y la luz llenó mi alma. Mi nieto había pronunciado las únicas palabras que necesitaba oír mi vida demasiado ocupada. Con solo tres palabras, me ayudó a poner en perspectiva mi vuelo demorado, mi mala audición, mi ansiedad en aumento y mi horario ladeado. «Te amo, abuelo» era lo único que necesitaba oír.

La vida es complicada. Nuestros horarios son agitados. Seguir a Jesús no es siempre fácil, ni tampoco es fácil oírlo en medio del ruido de nuestras vidas. La espiritualidad puede ser difícil para nuestros huesos. Mi oración ferviente es que a través de este libro tú hayas oído la voz de Jesús, clara como un cristal, que susurra: «Te amo». Que puedas oírlo en medio de tu falta de terminación, en tu carencia de acabado, en tu incompetencia, en otras palabras, en el desorden particular de tu vida. Él está allí, tú lo sabes.

NOTAS

Capítulo 1: Desorden

1. Génesis 9.20–28.
2. Lucas 9.51–56.
3. Anne Lamott, *Traveling Mercies: Some Thoughts on Faith* (Nueva York: Pantheon, Nueva York, 1999), pp. 49–50.

Capítulo 2: Espiritualidad desordenada

1. Hebreos 12.2.
2. Barbara Brown Taylor, *The Preaching Life* (Boston: Cowley, 1993), pp. 110–12.
3. Ron Lee Davis, *A Forgiving God in an Unforgiving World* (Eugene, OR: Harvest House, 1984), p. 63.

Capítulo 3: Resistir a los que resisten

1. Lucas 18.35–42.
2. Shel Silverstein, *Where the Sidewalk Ends* (Nueva

York: Harper and Row, 1974), p. 153 [*Donde el camino se corta* (Barcelona: Ediciones B, 2001)].

3. Don Mccullough, *The Trivialization of God* (Colorado Springs: (NavPress, 1995, p. 37.

4. Brennan Manning, *Lion and Lamb* [León y cordero], Chosen, Old Tappan, N.J. 198, pp. 172–73.

5. Juan 8.1–11, énfasis agregado.

6. Ron Lee Davis, *Mistreated* [Maltratado], Multnomah Press, Portland, OR, 1989, pp. 85–86.

Capítulo 4: La fealdad del rechazo

1. Mike Riddell, *alt.spirit@metro.m3: Alternative Spirituality for the Third Millennium* (Oxford: Lion, 1997), pp. 135–39.

2. Rich Wilkerson, *Straight Answers to Tough Questions about Sex* (Springdale, PA: Whitaker, 1987), pp. 213–17.

Capítulo 5: Un discipulado raro

1. Robert Fulghum, *Uh-Oh* (Nueva York: Villard, 1991), pp. 35–38.

2. C. S. Lewis, *The Lion, the Witch and the Wardrobe* (Nueva York, Collier, 1950, p. 137 [*El león, la bruja y el ropero* (Nueva York: Rayo, 2005)].

3. Mateo 10.5–42.

4. Si te perturba la mentira del jovencito, revisa la parábola del administrador astuto en Lucas 16.1–9.

5. Dan Taylor, *Letters to My Children* (Downers Grove, IL: InterVarsity Press, 1989), pp. 13–17.

Capítulo 6: Crecimiento no espiritual

1. Doug Webster, *The Easy Yoke* (Colorado Springs: Nav-Press, 1995), pp. 136–37.
2. Filipenses 3.12–14.
3. Contado en la conferencia de la doctora Monroe en la Convención Nacional de Líderes Juveniles de Especialidades Juveniles de 1994.
4. No es una historia real, sino un compuesto de las experiencias de muchos hogares de ancianos durante mi tiempo como pastor.

Capítulo 7: Gracias pequeñas

1. Wayne Rice, comp., *Hot Illustrations for Youth Talks, Your Specialties* (Grand Rapids, MI: Zondervan, 2001), pp. 176–77.
2. Marcos 12.41–44.
3. Me fue contado por Brewster McLeod, Lexington, Kentucky.

Capítulo 8: El molesto amor de Dios

1. Romanos 8.38–39, énfasis agregado.
2. William Barclay, *The Daily Study Bible* (Filadelfia, PA: Westminster, 1954), p. 135.
3. Mateo 20.1–16.

Nos agradaría recibir noticias suyas.
Por favor, envíe sus comentarios sobre este libro
a la dirección que aparece a continuación.
Muchas gracias.

Vida@zondervan.com
www.editorialvida.com